This is

python

반드시 알아야 할

파이썬 입문

A to Z

▌저자 **문용준**

- 숭실대학교 전자계산학과 졸업
- 평화은행 국민은행 한국IBM, LGCNS, SK C&C
- 패스트 켐퍼스 등 파이썬 강의
- IITP 빅데이터 자문 및 심사평가위원
- 한국 창의재단 소프트웨어 영재 교육 자문

  〈저서〉 • 손에 잡히는 파이썬 《비제이퍼블릭》
  - 손에 잡히는 판다스 《비제이퍼블릭》

▌저자 **문성혁**

- (현) 아토큐브 주식회사 CTO
- 세종대학교 컴퓨터 공학과 졸업
- 단국대 해커톤 기술 멘토
- 패턴 및 칼라인식 게임, 아또랑 큐브스타 제작
- 2017년 대한민국 창업리그 경기지역 대상

▌저자 **박재일**

- (현) 경기도 무원초등학교 교사
- 경기도 꿈의학교 유레카 발명 꿈의학교 운영(2016~2017)
- 소프트웨어 선도학교 운영(2016)
- 로봇산업진흥원 로봇창의교실 운영(2016)
- 고양시 발명교육센터 지도교사(2016)
- 경기도 꿈의학교 IT 분야 꿈지기 교사(2015)
- 제주교육대학교 학사

  〈저서〉 • 아두이노 내친구 by 스크래치 《토마토》
  - KODU 게임 메이커 《토마토》
  - 엔트리 교과서 코딩 《토마토》

This is
python

반드시 알아야 할

파이쎤 입문

A to Z

문용준, 문성혁, 박재일 공저

ITPLE

소프트웨어 프로젝트에서 아키텍처를 만들다가 파이썬을 취미 삼아 공부한 지 4년이 넘었습니다.

파이썬이라는 언어는 문법이 매우 쉬워서 처음에는 접근하기 좋았지만 지금은 다양한 모듈에 적용된 개념을 조금씩 알아가는 중입니다.

파이썬을 파이썬스럽게 구현하는 것은 파이썬 표기법보다 파이썬 개념을 이해해서 다양한 방법을 적용해 보는 것이 중요합니다.

지금까지 나온 대부분의 파이썬 책은 문법만을 강조하고 있어서 이번에 좀 어렵더라도 다양한 개념을 따라 하면서 이해할 수 있는 책을 쓰게 되었습니다.

인공지능 시대에는 코딩이 중요해지고 있고 머신러닝과 딥러닝 공부를 위해 파이썬도 중요해지고 있습니다.

독자 여러분들이 이 책으로 파이썬의 개념을 잘 이해해서 한 발짝 더 꿈에 도전할 수 있으면 좋겠습니다.

이 책을 나오기까지 많은 도움을 주신 잇플 출판사 대표님과 책을 집필하는 시간을 만들어 주고 응원을 해준 가족에게 고맙다는 말을 전하고 싶습니다.

2019년 5월
저자

파이썬의 핵심 레시피는 객체지향, 함수형, 메타 프로그래밍 기법을 잘 혼합해서 사용할 수 있습니다. 이것들을 단순하게 암기를 하는 것이 아니라 활용할 수 있어야 장인의 요리와 같은 결과가 나옵니다.

파이썬 레시피를 이해하려면 소프트웨어 용어의 개념부터 알아야 하므로 리터럴, 표현식, 문장 등의 프로그램 언어론적 기본 개념부터 시작했습니다.

그리고 프로그램에 사용하는 변수가 어떻게 저장되고 참조되는지, 실행하는 환경을 구성하는 이름공간과 스코프를 정의하고 어떻게 할당되고 검색되는지 설명하고 메모리에 올라가서 처리되는 방식을 설명합니다.

함수도 1급 객체로 작동되어 만들어진 함수를 함수 인자로 전달 및 반환해 처리하는 클로저나 데코레이터 기법을 설명해서 함수를 다양한 식재료처럼 사용하는 방안을 제공합니다.

객체지향의 핵심인 클래스와 객체와의 관계를 명확히 하고 파이썬이 제공하는 다양한 스페셜 메소드를 사용해서 나만의 연산자 사용법을 작성하고 활용하는 개념도 소개합니다.

클래스에 정의된 메소드들이 언제 메소드로 변하는지를 설명해서 함수와 메소드의 차이도 정확히 이해할 수 있도록 합니다.

또한 객체의 속성을 접근할 때 디스크립터로 작성하여 보호된 속성을 만들어 객체지향의 핵심인 정보의 은닉을 완성하는 방법도 배웁니다.

마지막으로 파일을 열고 닫는 기본방식과 컨텍스트 환경에서 처리하는 방법도 알아봅니다.

파이썬스럽게 작성하는 핵심 용어인 데코레이터와 디스크립터도 잘 사용해서 코딩할 수 있도록 여러 모듈을 작성할 때 함수나 클래스의 재사용을 쉽게 활용할 수 있도록 하는 것이 이 책의 목표입니다.

CONTENTS

처음 만나는 파이썬

1 파이썬이란?

파이썬(Python)은 1990년 네덜란드의 귀도 반 로섬(Guido Van Rossum)이 개발한 인터프리터 언어로 지금은 많은 사람이 사용하는 프로그래밍 언어가 되었습니다.

귀도 반 로섬(Guido Van Rossum)

2018년, 삼성전자와 삼성SDS 등 삼성전자 계열사가 직무적성검사 코딩 테스트에 파이썬을 추가했습니다. 앞으로 삼성전자 등의 기업에서 소프트웨어(SW) 개발 업무를 담당하기 위해선 파이썬 활용 능력이 필요할 것으로 보입니다.

파이썬은 다른 프로그래밍 언어보다 배우기 쉽고, 다양한 분야에서 활용할 수 있어서 전 세계적으로 많은 사람이 파이썬을 쓰고 있습니다. 또한, 파이썬을 배워두면 여러 분야에 활용할 수 있어서 프로그래밍에 대한 '접근성'을 높일 수 있습니다.

파이썬에는 이미 만들어진 다양한 프로그램이 있습니다. 이를 활용하면 (임포트 import) 더 쉽게 프로그램을 개발할 수 있으므로 개발 속도도 빠릅니다.

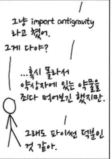

출처: https://imgs.xkcd.com/comics/python.png 이미지 번역

C언어와 파이썬으로 작성된 코드를 비교해보면 파이썬이 얼마나 간편한지 알 수 있습니다.

파이썬의 Hello world! 출력	C의 Hello world! 출력

print("Hello world!")	#include<stdio.h>
	int.main()
	{print("Hello world!");
	return 0;
	}

파이썬의 문법은 배우는 영어 문법과 유사해서 배우기 쉽고 다른 프로그램 언어처럼 중괄호({ }), 세미콜론(;)은 사용하지 않아도 됩니다.

배우기 쉽다고 해서 파이썬이 교육용 언어로만 쓰이는 것은 아닙니다. 파이썬은 구글의 대표적 개발 언어일 뿐만 아니라 수많은 소프트웨어 기업이 파이썬을 이용하고 있습니다. 유뷰브, 인스타그램 등도 파이썬으로 만들 정도로 언어가 쉽고 생산성이 높습니다.

2 개발환경 설치하기

개발환경 IDLE(Integrated Development and Learning Environment)은 프로그램 작성을 도와주는 프로그램입니다. 이 책에서는 아나콘다를 사용할 겁니다.

아나콘다는 Continuum Analytics에서 만든 파이썬 배포판입니다. 수백 개의 파이썬 패키지를 포함하고 있고 상업용으로 무료로 사용할 수 있다는 장점이 있습니다.

아나콘다 배포판을 설치하기 위해 아래의 URL로 이동합니다. 파이썬은 현재 2.7 버전과 3.7 버전이 있는데, 이 책에서는 파이썬 3.7을 사용할 겁니다. 아나콘다 개발환경은 데이터 분석을 위한 다양한 모듈들이 설치되어 있습니다.

● 아나콘다 다운로드

아나콘다를 다운로드하려면 아래의 주소를 입력하거나 검색 창에서 anaconda download를 입력합니다. 아나콘다는 파이썬 데이터 분석을 위한 개발환경이 구성된 가상환경을 지원합니다.

https://www.anaconda.com/distribution/#download-section

Windows에서는 아래의 주소를 입력해서 설치 파일을 직접 다운로드할 수 있습니다.

https://docs.anaconda.com/anaconda/install/windows/

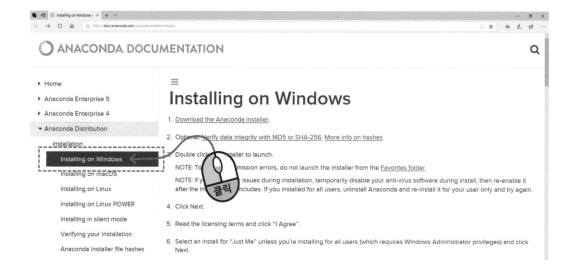

Download the Anaconda installer를 클릭하면 아래의 화면이 보입니다. [Download]를 클릭합니다.

컴퓨터 운영체제에 맞는 Python 3.X 버전을 다운로드합니다.

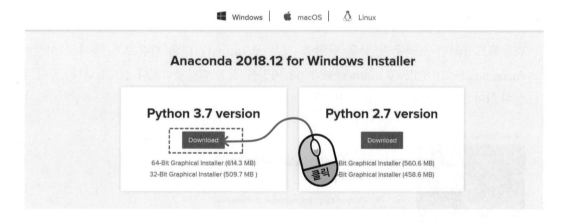

Windows 파일은 확장자가 .exe 파일로 아래 그림처럼 다운로드 되는 것을 볼 수 있습니다.

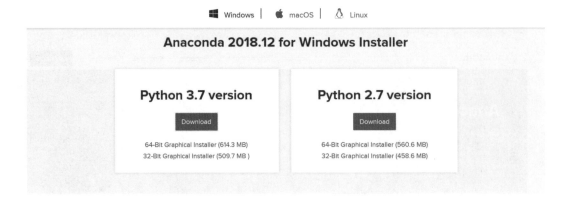

다운로드한 후에 브라우저 창에 있는 아나콘다 다운로드 파일을 더블클릭해서 설치를 시작해도 됩니다.

● 아나콘다 설치

다운로드했지만 브라우저 창을 닫았을 경우 Windows 내의 다운로드 폴더로 이동해서 Anaconda3-2018.12-Windows-x86_64 파일을 직접 더블클릭해서 설치합니다. 잠시 후에 설치 창이 뜨면 [Next] 버튼을 누릅니다.

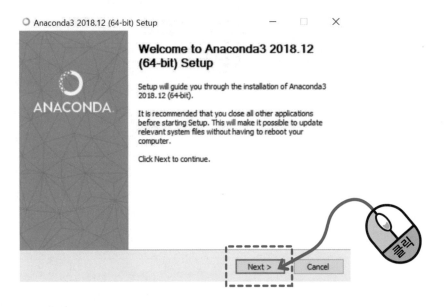

라이선스 동의에 관한 내용입니다. [I Agree] 버튼을 클릭하고 다음 단계로 이동합니다.

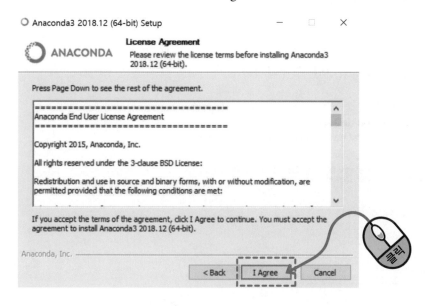

설치 유형을 선택하는 단계에서 [All Users]를 선택한 후 [Next] 버튼을 클릭합니다. 설치하는 내용에 관해 확인하는 화면에서 Just Me로 되어 있으면 [Next] 버튼을 눌러 설치를 계속합니다.

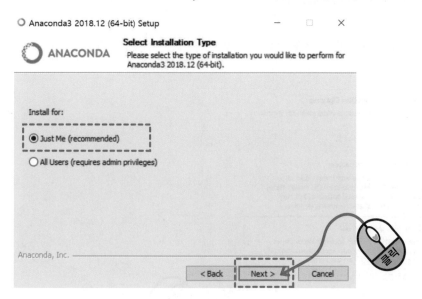

컴퓨터 구성에 따라 설치 폴더의 위치가 다르게 나타나는 경우도 있지만, 자동으로 뜨는 위치에
설치하기 위해 Next 버튼을 누릅니다.

아나콘다 배포판이 설치될 디렉터리를 선택하는 화면에서 〈Destination Folder〉를 〈C:₩
Anaconda3〉으로 변경하고 [Next] 버튼을 누릅니다.

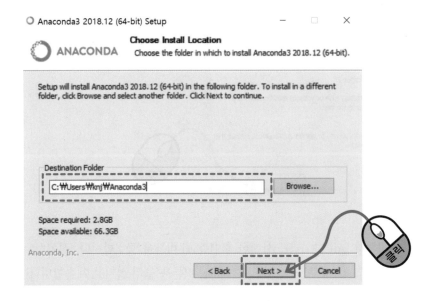

파이썬 설치 버전을 확인하고 [Install] 버튼을 누릅니다. 파이썬 버전은 3.7입니다.

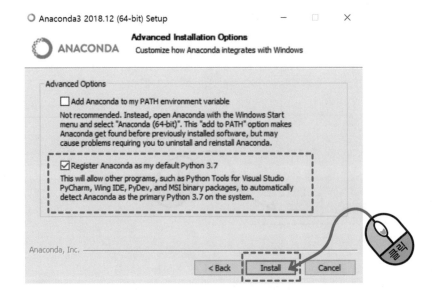

아나콘다가 설치됩니다.

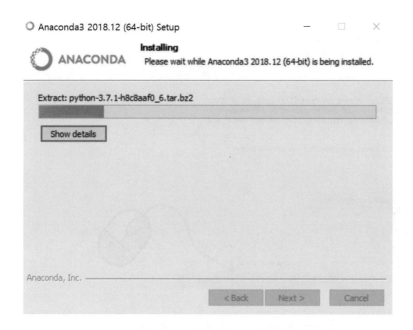

다 설치되면 [Next] 버튼을 누릅니다.

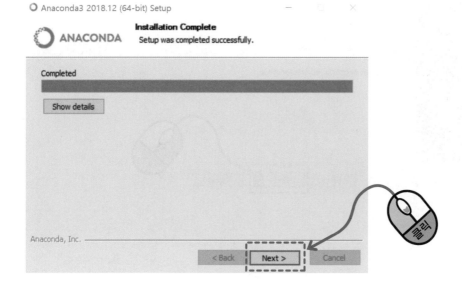

Vscode는 설치하지 않을 것이므로 skip을 누릅니다.

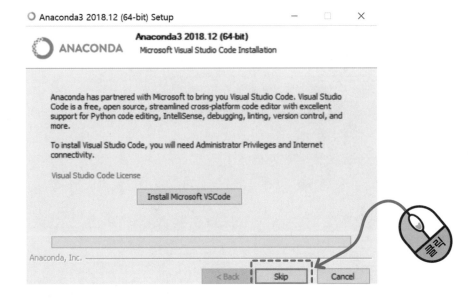

[Finish] 버튼을 눌러 설치를 마칩니다. 이제 아나콘다가 설치되었습니다.

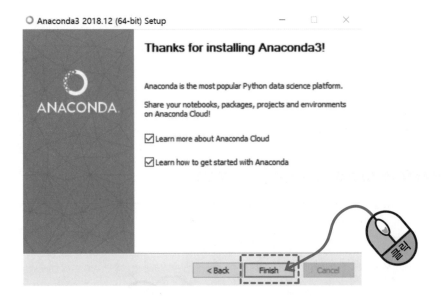

3 주피터 노트북 실행하기

개발 툴로 주피터 노트북(Jupyter Notebook)을 사용하면 인터넷 브라우저 창에서 개발할 수 있고 마크다운으로 문서로 만들어 공부한 내용을 보관할 수도 있습니다. 또한, 작성된 파일은 웹브라우저에서 소스 등을 그대로 볼 수 있으므로 주피터 노트북으로 파일을 작성해서 공유할 수 있습니다. 유명 프로그래밍 공유 사이트인 '깃허브'에서도 주피터 노트북으로 작성된 파일을 많이 공유합니다.

개발 툴은 아나콘다에 설치된 주피터 노트북을 사용합니다. 아나콘다가 설치된 Anaconda3(64bit) 폴더를 확인해서 아나콘다 네비게이터를 이용해 설치합니다.

아나콘다 네비게이터를 보면 여러 개의 프로그램이 있습니다. 이 중에 일단 주피터 노트북을 실행해서 브라우저 환경에서 코딩하고 바로 실행결과를 확인합니다.

먼저 아나콘다 네비게이터(Anaconda Navigator)를 이용해서 그 안에 설치된 주피터 노트북을 사용하는 방법을 알아보겠습니다.

Windows 실행 창에서 Anconda3 폴더를 찾습니다. 그리고 Anaconda Navigator를 클릭해서 실행합니다.

아나콘다 네비게이터 화면에서 Jupyter Notebook의 Launch를 눌러 프로그램을 실행합니다.

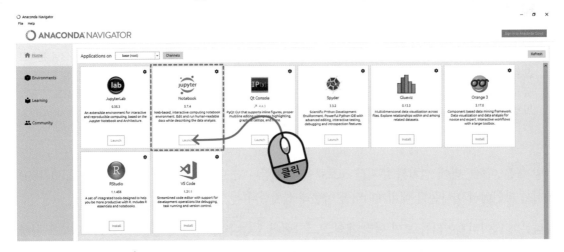

● **개발 화면 만들기**

개발 화면을 만들려면 [New] 버튼을 눌러 Python3를 선택합니다.

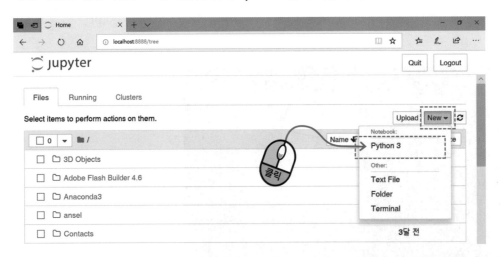

이름이 없는 새로운 화면(Untitled)이 만들어집니다.

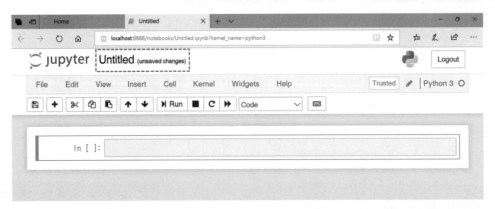

● Notebook 파일 이름 변경

맨 윗줄의 Untitled를 누르면 이름을 바꿀 수 있습니다. 원하는 파일 이름을 쓰고 [Rename] 버튼을 누르면 됩니다.

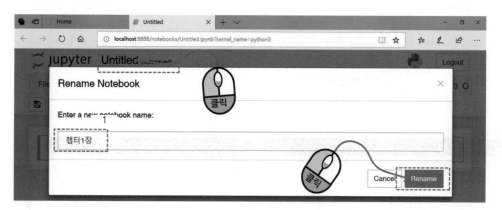

파일 이름이 변경된 것을 확인할 수 있습니다.

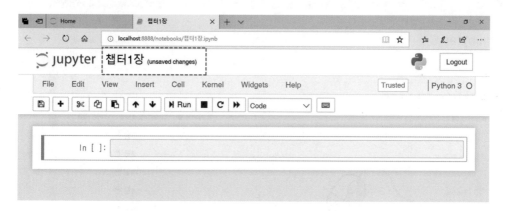

주피터 노트북으로 개발이 가능한 파일을 만들어봤습니다. 이제 파이썬 코드를 입력해 실행해보면서 간단한 주피터 노트북 명령어를 배워봅시다.

● 탐색기로 문서 폴더에 새로운 폴더 만들기

Windows 탐색기로 Documents 폴더에 개발하는 파이썬 파일을 저장할 폴더를 〈내PC/문서/Python_study〉로 만듭니다.

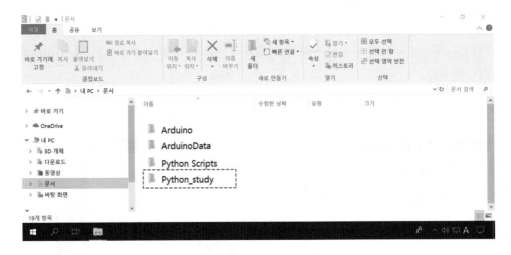

주피터 노트북이 실행되면 첫 번째 화면에 모든 폴더가 다 보입니다. 이제 〈Documents〉 폴더를 눌러 이동합니다.

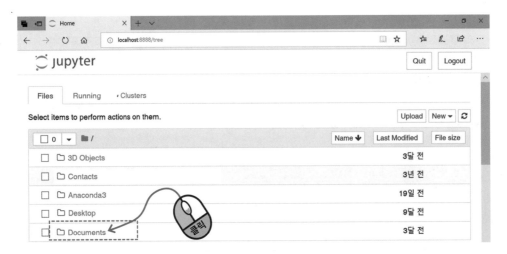

〈Documents〉 폴더에 들어가면 〈python_study〉 폴더가 있습니다.

이제 〈python_study〉 폴더를 클릭해서 들어갑니다. 폴더 안에는 아무것도 없습니다.

새로운 파일을 만들기 위해 [New] 버튼을 클릭하면 여러 커널이 보입니다. 이 중에 python3를 클릭합니다.

● 파이썬 실행해보기

주피터 노트북에 〈In〉으로 표시된 셀에 100을 입력하고 위에 있는 [Run] 버튼을 클릭합니다.

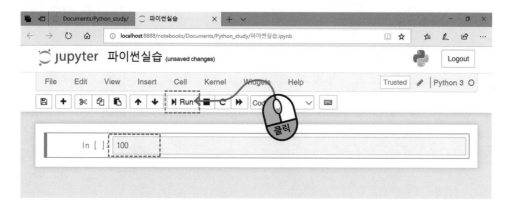

1. 처음 만나는 파이썬 ● 23

실행하면 결과가 〈Out〉에 나타납니다. 실행이 처음이어서 셀의 대괄호에 숫자가 1로 출력된 것을 볼 수 있습니다. 실행할 때마다 대괄호의 숫자가 커집니다.

셀은 코드를 넣고 실행하는 장소입니다.

빈 셀을 추가할 때는 위에 있는 [+] 버튼을 두 번 누릅니다. 입력이 가능한 셀이 파란색으로 표시됩니다.

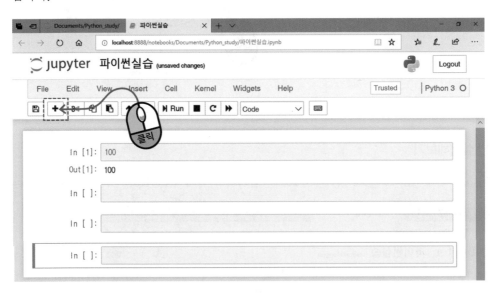

셀을 삭제할 때는 가위 모양의 버튼을 두 번 누르면 앞서 만든 셀 두 개가 삭제됩니다.

빨간색으로 표시된 화살표 키 버튼을 누르면 셀을 위-아래로 움직일 수 있습니다.

주피터 노트북이 장점은 설명하는 글자를 바로 입력해서 브라우저 상에서 보이는 텍스트를 만드는 마크다운을 만듭니다.

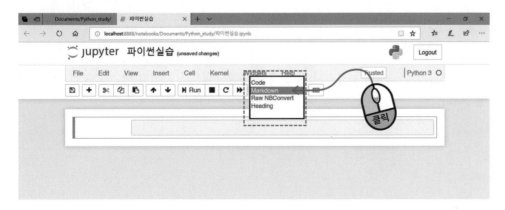

빈 셀에 #를 쓰고 한 칸을 띄어 글을 입력합니다. #의 개수에 따라 입력한 글자가 점점 작아집니다.

특정 범위로 글자를 들여 쓰려면 아래 그림처럼 부등호를 쓰고 한 칸 띄어 글을 입력하면 됩니다. Shift+Enter를 눌러 실행해봅시다.

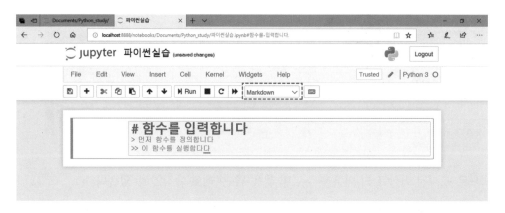

실행한 결과가 브라우저 상에 나타납니다.

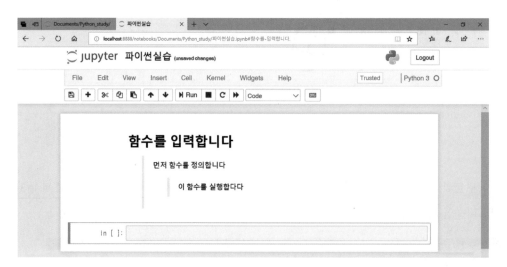

⟨Ctrl⟩ 키와 ⟨S⟩ 키를 동시에 누르거나 다음 그림의 빨간색으로 표시된 버튼을 눌러 파일을 저장할 수 있습니다.

만든 코드는 원하는 형식으로 다운로드할 수 있습니다. 참 편리하죠?

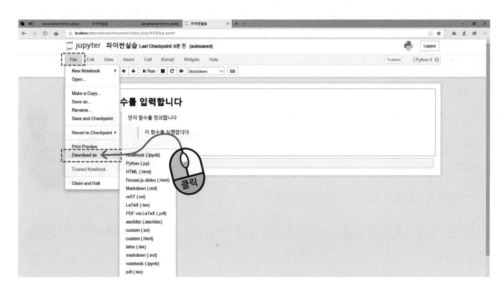

주피터 노트북의 종료는 브라우저를 종료하고 아나콘다 네비게이터를 종료하는 것입니다. 그러면 모든 개발환경이 종료됩니다.

파이썬 시작하기

1 프로그래밍

프로그래밍(Programming)은 프로그램(Program)에 -ing를 붙인 말로, '프로그램을 만들다'라는 뜻입니다. 프로그램은 어떤 목표를 이루기 위해 컴퓨터에 내리는 계획을 세우는 것이라고 할 수 있습니다. 어떤 목표를 위해 컴퓨터에 내리는 명령들을 모아놓은 것이라 생각하면 더욱 쉽습니다. 인터넷 브라우저에서 google.com을 입력하고 엔터를 누르면 구글 페이지로 이동합니다. 이런 기능을 이용할 수 있는 것은 관련 명령들이 작성되어 인터넷 브라우저 프로그램에 들어있기 때문입니다.

프로그래밍 언어는 프로그램을 만들 때 쓰는 언어입니다. 이제부터 배울 파이썬도 프로그래밍 언어입니다. 사람들은 왜 머리 아프게 굳이 새로운 프로그래밍 언어를 만들었을까요? 사람은 한국어, 영어와 같은 언어를 사용합니다. 이런 사람이 쓰는 언어를 자연어라고 합니다. 하지만 컴퓨터는 전기를 사용하여 1과 0으로만 이루어진 기계어(Machine Code)를 쓰기 때문에 자연어와 기계어를 연결해주는 언어가 필요했기 때문입니다.

모스부호를 아나요? 오른쪽 그림처럼 생긴 기계를 써서 짧은 전류(•)와 긴 전류(−)를 적절히 조합하여 문자나 숫자 정보를 보냅니다.

짧은 전류, 긴 전류를 보내면 A라는 뜻이 됩니다.

전신기

영화 '인터스텔라'에서도 주인공인 조셉 쿠퍼가 5차원 공간에서 모스부호를 이용해서 메시지를 전달합니다.

기계어는 이 모스부호와 같습니다. 전기 신호를 이용하여 1과 0으로 정보를 표현합니다. 1과 0으로 정보를 표현하는 방법을 이진법이라고 합니다. 이것은 컴퓨터가 스위치를 켜고(1) 끄는(0) 원리를 이용해서 만들어졌기 때문이지요. 따라서 사람의 언어를 1과 0으로 된 기계어로 바꿔줘야 합니다.

A	•−	J	•−−−	S	•••	1	•−−−−
B	−•••	K	−•−	T	−	2	••−−−
C	−•−•	L	•−••	U	••−	3	•••−−
D	−••	M	−−	V	•••−	4	••••−
E	•	N	−•	W	•−−	5	•••••
F	••−•	O	−−−	X	−••−	6	−••••
G	−−•	P	•−−•	Y	−•−−	7	−−•••
H	••••	Q	−−•−	Z	−−••	8	−−−••
I	••	R	•−•	0	−−−−−	9	−−−−•

모스부호

28 •

사람의 언어(자연어)	기계어
"안녕하세요" "파이썬"	10010101001010101011100011101….

프로그래밍 언어가 없던 시절에는 기계어로 직접 프로그램을 만들어야 했습니다. 1과 0으로만 이루어진 명령어를 기억해서 프로그램을 만든다고 생각해보세요. 엄청 어렵고 불편했겠죠? 그래서 어셈블리어(Assembly Language)를 만들었습니다. 어셈블리어는 1과 0으로 된 기계어 명령을 알아보기 쉬운 단어로 표현했습니다. 예를 들어, 1001011101011000이 데이터를 이동시키라는 명령어라면 1001011101011000 = move라고 표현한 것이죠.

어셈블러(Assembler)라는 번역 프로그램이 move를 1001011101011000로 바꿔주므로 영어 단어만 기억하면 기계어보다 더 쉽게 프로그래밍할 수 있게 되었습니다.

나라마다 다양한 언어를 사용하는 것처럼, 기계의 종류에 따라서 기계어도 달라집니다. 마찬가지로 어셈블리어도 달라지죠.

컴퓨터에서 기계는 바로 중앙처리장치(Central Processing Unit)를 의미합니다. 바로 CPU라는 것이죠. 컴퓨터의 모든 연산은 CPU에서 일어납니다. 우리가 기계어나 어셈블리어로 명령어를 내리는 대상도 CPU입니다.

그런데 어셈블리어도 사용하기 불편했습니다. 큰 프로그램은 어셈블리어로 만들기 힘들고, 만들고 나서고 어떤 기능을 하는지 알아보기 힘들기 때문입니다. 그리고 CPU마다 다른 기계어를 모두 배워서 프로그램을 만들어야 했습니다.

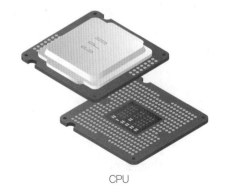

CPU

```
swap:
    pushl    %ebp
    movl     %esp, %ebp
    subl     $16, %esp

    movl     8(%ebp), %edx
    movl     (%edx), %eax
    movl     12(%ebp), %ecx
    movl     %ecx, (%edx)

    leave
    ret
```

어셈블리어 코드의 예

어셈블리어의 불편함을 해결하기 위해 고급 프로그래밍 언어가 나왔습니다. 파이썬도 고급 프로그래밍 언어입니다. 기계어, 어셈블리어는 저급 프로그래밍 언어라고 합니다. 여기서 말하는 고급과 저급은 '좋다, 나쁘다'의 뜻이 아닙니다. 고급은 '사람에게 가깝다'라는 뜻이고, 저급은 '기계에 가깝다'라는 뜻입니다.

고급언어: 사람에게 가깝고, 기계는 이해할 수 없다.
저급언어: 기계에 가깝고, 사람은 이해하기 힘들다.

기계가 이해하지 못하는 고급언어로 프로그래밍하면 소용이 있을까요? 프로그램은 기계가 이해할 수 있어야 실행할 수 있는데 말이죠. 그래서 고급언어를 저급언어로 바꿔주는 '통역사'가 필요합니다. 이 통역사가 우리가 작성한 코드를 기계가 이해할 수 있는 기계어로 바꿔주면 됩니다. 통역사 역할을 하는 프로그램을 번역 프로그램이라고 합니다.

번역 프로그램은 크게 두 종류로 구별할 수 있습니다. 컴파일러(Compiler)와 인터프리터(Interpreter)입니다. 컴파일러는 코드를 작성해 만든 파일을 처음부터 끝까지 한꺼번에 번역합니다. 인터프리터는 한 번에 한 줄씩 번역하면서 동시에 기계어를 실행합니다.

C언어는 컴파일러를 사용하고, 파이썬은 인터프리터를 사용합니다. C언어는 우리가 작성한 코드를 기계가 이해할 수 있도록 컴파일(번역)합니다. 그리고 여러 과정을 거쳐서 실행 가능한 프로그램(.exe)을 만듭니다. 그래서 컴파일 언어라고 합니다.

파이썬은 스크립트 언어라고 합니다. 컴파일하지 않아도 한 줄씩 읽으면서 동시에 프로그램을 실행합니다. 우리는 스크립트 언어인 파이썬으로 프로그래밍의 기초를 배울 겁니다.

2 값(value) 처리

사람에게는 장기기억과 단기기억이 있습니다. 어떤 것을 오랫동안 기억할 수 있고, 전화번호를 외우는 것처럼 잠시만 기억할 수도 있습니다.

마찬가지로 컴퓨터도 어떤 값을 저장하기 위해 주기억장치(RAM)와 보조기억장치(하드디스크/SSD)를 사용합니다.

주기억장치는 단기기억처럼 용량이 적어 정보를 잠깐 기억하지만, 처리속도는 빠릅니다. 또한, 전기를 끊으면 정보가 다 날아가 버립니다(휘발성).

보조기억장치는 처리속도는 느린 대신 용량이 커서 오랫동안 기억할 수 있습니다. 전기를 끊어도 정보가 날아가지 않습니다(비휘발성).

컴퓨터는 어떠한 일을 하기 위해서 모든 데이터를 보조기억장치에서 주기억장치(RAM)로 읽혀야만

합니다. 중앙처리장치(CPU)가 주기억장치의 내용을 읽어 데이터를 처리합니다.

우리가 프로그램을 작성하고 실행하면 그 프로그램은 주기억장치에 복사됩니다. 이때 명령어가 저장되는 영역과 데이터가 저장되는 영역이 나뉘어 복사됩니다. 주기억장치를 '메모리'라고 합니다. 어떤 데이터를 저장하거나 가져와서 사용하려면 어디에 저장됐는지 주소를 알아야 합니다. 주기억장치는 바이트(byte)마다 주소가 지정되어 있습니다.

바이트를 이해하기 위해선 우선 비트(bit)의 개념부터 알아야 합니다. 비트는 이진수를 뜻하는 'Binary Digit'의 약자로, 컴퓨터의 CPU가 처리하는 데이터의 최소 단위 크기입니다. 1비트는 0과 1을, 2비트는 00, 01, 10, 11 등 4개의 데이터를 처리할 수 있다는 의미입니다. 비트 8개를 바이트라고 합니다.

주기억장치-메모리(RAM)

주소는 숫자이므로 프로그램을 작성하려면 '30주소의 값을 읽어서 40주소의 값과 더하여 50주소의 값에 저장하라' 등의 명령을 내리게 됩니다. 사람이 모든 주소를 기억해 처리하기란 불가능합니다. 그래서 주소에 이름을 붙여 '이곳은 name이라고 하고 저곳은 age라고 하자'는 것이 변수입니다.

파이썬은 메모리에 데이터를 저장해 프로그램을 만드는데 이 저장된 데이터가 값(value)이 됩니다.

● 리터럴(Literal)

리터럴은 프로그래밍 언어로 작성된 코드의 '값' 그 자체로 고정된 값을 나타냅니다. 파이썬에는 다양한 종류의 리터럴이 있습니다. 여기서는 대표적인 리터럴의 종류를 간단히 알아보겠습니다. 자세한 것은 나중에 배우게 될 것입니다.

숫자 리터럴: 정수 리터럴, 실수 리터럴, 복소수 리터럴 3가지가 있습니다.

문자 리터럴: 따옴표로 묶인 문자를 말합니다.

논리값 리터럴: 다음 True(참) 또는 False(거짓) 값 중 하나를 가질 수 있습니다.

컬렉션 리터럴: [...]로 감싸져 있으면 리스트

  (...)로 감싸져 있으면 튜플

  { 키:값, ... }로 감싸져 있으면 딕셔너리

  { ... }로 감싸져 있으면 집합

리터럴은 값입니다. 셀에 입력하고 실행하면 그 결과를 보여줍니다. '보여준다'는 것을 다른 말로 '출력한다'라고 합니다. 1이라고 입력하고 실행하면 자기 자신을 그대로 출력합니다.

숫자 1을 입력하고 실행(Shift+Enter)하면 그대로 숫자 1을 출력합니다.

```
1
```
1

큰따옴표나 작은따옴표 사이에 문장을 쓰고 실행하면 그대로 입력한 값을 출력합니다.

```
"파이썬 "
```
'파이썬 '

● **표현식(expression)**

여러 개의 값을 하나로 묶어 처리하는 방법도 있습니다. 이런 방법을 '표현식'이라고 합니다. 표현식으로 작성한 것을 실행하면 결과값이 나옵니다.

표현식을 작성한 때는 일반적인 리터럴 값인 피연산자(operand)와 피연산자를 평가하거나 계산하는 연산자(operator)가 필요합니다.

연산자에는 하나의 연산자와 피연산자를 묶어서 처리하는 단항연산자(unary)와 하나의 연산자와 두 개의 피연산자를 묶어서 처리하는 이항연산자(binary)가 있습니다. 여러 개의 표현식을 괄호로 묶어서 처리할 수도 있습니다. 표현식의 결과는 항상 값으로 처리됩니다.

숫자나 문자열 사이에 연산자를 쓰면 하나의 표현식이 되고 표현식을 실행하면 결괏값이 나옵니다.

두 정수(피연산자)를 넣고 + 연산자로 두 정수를 처리하는 표현식을 실행해볼까요? 결과는 두 수를 덧셈한 결과가 출력됩니다.

```
3 + 4
```
7

두 문자열(피연산자)을 넣고 + 연산자로 처리하는 표현식을 실행하면 두 문자열이 합쳐집니다.

```
"파이썬 " + "프로그래밍 "
```
'파이썬프로그래밍 '

3 클래스, 객체, 인스턴스 이해하기

아직 책의 초반이지만 클래스(class)와 객체(Object)라는 어려운 개념을 조금만 짚고 넘어가도록 하겠습니다. 살짝 당황스러울 수 있지만 파이썬스럽게 공부하려면 클래스와 객체를 잘 알아야 합니다.

프로그래밍을 처음 배울 때 클래스(class)와 객체(Object)는 넘기 힘든 장벽과도 같은 존재입니다. 여러분 중에도 클래스와 객체라는 말을 처음 접하는 이들이 있을 것입니다. 이번 시간에는 기초적인 것부터 차근차근 알아보겠습니다.

클래스(class)는 똑같은 무엇인가를 계속해서 만들어낼 수 있는 설계, 틀과 같은 것입니다. 객체(object)는 클래스에 의해서 만들어진 물건, 실체를 뜻합니다. 클래스를 '자동차의 설계도', 객체는 '실제로 만들어진 자동차'라고 생각하면 됩니다.

클래스에 의해 만들어진 객체는 객체별로 독립적인 성격을 갖는다는 특징이 있습니다. 한 자동차의 바퀴를 바꾸거나 유리창이 깨져도 다른 자동차는 아무런 영향을 받지 않는 것과 마찬가지입니다. 같은 클래스에 의해 생성된 객체라도 서로에게 아무런 영향을 주지 않습니다.

클래스에 의해서 만들어진 객체를 인스턴스(instance)라고도 합니다. 객체와 인스턴스의 차이는 무엇일까요? 인스턴스는 특정 객체가 어떤 클래스의 객체인지를 관계 위주로 설명할 때 씁니다. 즉, 클래스와 구체적인 객체 사이의 관계에 초점을 맞추면 인스턴스라는 용어를 쓰는 겁니다. '트럭은 인스턴스'보다는 '트럭은 객체'라는 표현이 어울리며, '트럭은 자동차의 객체'보다는 '트럭은 자동차의 인스턴스'라는 표현이 훨씬 잘 어울립니다.

객체는 프로그램에서 구현할 대상입니다. 클래스의 정의대로 만들어진 실체입니다. 인스턴스는 설계도를 바탕으로 프로그램에서 구현된 구체적인 실체를 말합니다. 객체를 프로그램에서 실체화하면 그것을 인스턴스라고 부릅니다.

인스턴스는 메모리에 할당됩니다. 객체가 메모리에 할당되어 실제 사용될 때 인스턴스라고 합니다. 즉 인스턴스는 객체에 포함된다고 볼 수 있습니다.

객체지향 프로그램(Object Oriented Programming-OOP)은 객체를 중심으로 프로그래밍하는 방법입니다.

'인간은 본능적으로 세상을 독립적이고 식별 가능한 객체의 집합으로 바라본다.'는 말이 있습니다. 객체지향 프로그램은 사람이 생각하는 방식에 가깝게 프로그램을 할 수 있도록 도와주는 방법입니다.

파이썬에서는 모든 것을 객체로 만듭니다. 객체가 있다는 것은 객체를 만들 수 있는 클래스가 있다는 뜻입니다. 따라서 파이썬에서 프로그래밍하는 모든 것은 클래스로 만들어진다고 할 수 있습니다. 1,

2, 3과 같은 정수나 1.5, 2.4, 3.9와 같은 실수도 마찬가지입니다. 클래스로 숫자를 다룰 수 있는 객체를 만들어 사용합니다.

속성	메소드
색깔	앞으로 가기
바퀴 수	뒤로 가기
엔진	방송 듣기
.....	.....

자동차(클래스)를 설계한다고 하면 여러 가지를 결정해야 합니다. 색깔을 어떻게 할 것이며, 바퀴는 몇 개 달고, 엔진은 어떤 것을 사용할지 하는 것들을 정해야 합니다. 색깔, 바퀴 수, 엔진 등이 자동차의 특징이자 데이터이고 이것을 속성(attribute)이라고 합니다.

자동차가 어떤 기능을 할지도 정해야 합니다. 자동차는 앞으로 갈 수도 있고, 뒤로 갈 수도 있으며 라디오로 방송을 들을 수도 있습니다. 이렇게 객체가 할 수 있는 기능을 메소드(method)라고 합니다. 클래스는 속성과 메소드의 집합이라고 할 수 있습니다. 이렇게 속성과 메서드를 하나로 묶어서 처리하는 것을 객체지향 용어로 캡슐화(encapsulation)라고 합니다.

파이썬은 객체를 처리하기 위해 속성과 메서드를 제공하며 직접 속성과 메소드를 만들 수도 있습니다.

파이썬에서는 모든 것이 객체입니다. 객체는 각각의 타입이 존재하며 타입별로 같은 속성과 기능을 가집니다.

파이썬에서 객체의 타입은 객체를 만든 클래스를 말합니다.

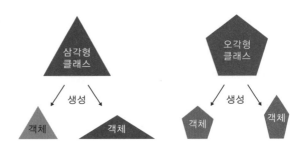

● 클래스 알아보기

클래스를 만들 때 쓰는 키워드는 class입니다. 키워드는 파이썬이 특별한 일을 할 때 사용하는 단어로 나중에 배우는 변수와 구별해서 사용합니다.

키워드 class를 쓰고 클래스의 이름을 정합니다. 클래스 이름은 첫 글자를 대문자로 씁니다. 이름을 정하는 규칙을 명명 규칙(naming convention)이라고 합니다. 이 규칙을 잘 따라야 이름끼리 충돌하는 것을 막을 수 있습니다. Klass라는 이름으로 하나의 클래스를 만들어봅시다.

```
class Klass(object) :
    pass
```

클래스 이름, 괄호(( )) 그리고 끝에 콜론(:)을 씁니다. 파이썬의 특징으로 클래스를 만들 때는 클래스 이름 다음에 콜론(:)을 쓰고 엔터를 칩니다. 그러면 그다음 줄은 자동으로 들여쓰기가 됩니다. 신기하죠? 우선은 '파이썬만의 특징이구나'라고 생각하면 됩니다. 앞으로 차근차근 공부하다 보면 자연스럽게 이해가 될 것입니다.

클래스가 아무 일도 하지 않게 만들고 싶을 때는 pass라고 쓰면 됩니다. pass문은 아무 기능이 없다는 뜻입니다. 단축키(Shift+Enter)를 누릅니다.

이제 이름이 Klass인 클래스가 하나 만들어졌습니다.

클래스를 만든 후에 인스턴스를 만들어서 사용하려면 변수이름과 클래스 이름에 괄호를 붙여 표현식을 작성합니다.

객체를 만들려면 단축키(Shift+ Enter)를 눌러야 하겠죠?

```
k = Klass()
```

이렇게 만든 객체는 메모리에 저장됩니다.

변수 k에 저장된 객체를 확인하려면 k라고 쓰고 실행 단축키를 누릅니다.

```
k
```
```
<__main__.Klass at 0x50fa048>
```

밑에 나온 결과가 변수 k에 들어있는 객체의 정보입니다. Klass라는 클래스로 만들어졌다는 것을 알 수 있습니다. 'at' 다음을 보니 16진수로 된 값이 있습니다. 16진수는 0부터 9, A부터 F까지의 숫자나 문자로 값을 나타냅니다. 객체를 만들면 다른 객체와는 16진수의 값으로 구별합니다. 이 값을 레퍼런스 값이라고 하며, 이 값은 메모리의 어느 곳에 저장되었는지 알려줍니다.

클래스와 인스턴스의 관계를 확인할 수도 있습니다. isinstance를 사용하면 인스턴스가 어떤 클래스로 만들어졌는지 확인할 수 있습니다. 'is (it) instance?'라는 의미라고 생각하면 됩니다. 'is (it) instance?'는 '이것은 인스턴스?'라고 묻는 것이죠.

```
isinstance(k, Klass)
```
```
True
```

위의 문장은 k라는 객체는 Klass 클래스로 만든 인스턴스인지를 묻는 겁니다. Klass 클래스로 만들어졌으면 True(참), 아니면 False(거짓)가 됩니다.

객체, 인스턴스를 다시 한번 설명하겠습니다.

k = Klass()로 만들어진 k는 객체이며 k라는 객체는 Klass의 인스턴스입니다. 인스턴스는 어떤 객체(k)가 어떤 클래스(Klass)의 객체인지 설명할 때 씁니다.

'K는 인스턴스'보다는 'K는 객체'라는 표현이 어울리며, 'K는 Klass의 객체'보다는 'K는 Klass의 인스턴스'라는 표현이 어울립니다.

4 변수와 이름공간(네임스페이스, namespace)

Python

컴퓨터에서 처리되는 값은 컴퓨터 메모리 어딘가에 저장됩니다. 이를 적재(Load)된다고 합니다. 컴퓨터의 두뇌 역할을 하는 CPU는 메모리에서 이 값을 찾아서 여러 가지 일을 합니다.

CPU에서 우리가 원하는 값을 찾기 위해서는 그 값이 어디에 있는지 알아야 합니다. 이를 주소(address)라고 합니다. 메모리에 값을 저장하는 곳을 집이라고 생각해볼까요? 집마다 여러 가지 값이 저장되어 있겠죠? 이 집은 자기만의 주소가 있습니다. CPU는 이 주소에 값을 저장하거나 원하는 값을 가져옵니다.

메모리의 주소에 이름을 붙여 사용하는 것을 변수라고 합니다. 메모리 관리는 운영체제가 맡아서 합니다. 여러분이 변수를 선언하고 값을 할당하면 운영체제가 알아서 현재 사용하지 않는 메모리를 찾아 그곳에 변수이름을 할당합니다. 여러분은 그 변수이름을 사용하여 메모리에 접근하여 프로그램을 작성하게 됩니다.

응용 프로그램이 할당된 메모리를 사용하지 않으면 운영체제는 이 공간을 빈 영역으로 인식합니다. 그리고 다른 목적을 위해 사용할 수 있도록 합니다.

변수는 값을 담는 상자(컨테이너)입니다. 파이썬은 모든 것을 변수에 저장해서 원할 때마다 사용할 수 있습니다.

파이썬의 변수는 다른 프로그래밍 언어와 다릅니다. 파이썬은 어떤 값을 저장할지, 자료형을 정하지 않습니다. 다른 프로그래밍 언어는 자료형을 정해야 합니다. 자료형에 맞게 메모리를 할당해서 사용하기 때문이죠.

예를 들어 C언어에서 문자 하나를 저장하려면 1byte의 메모리를 사용합니다. 이때 변수이름 앞에 char라는 자료형을 붙입니다. 정수를 저장하려면 4byte의 메모리를 사용합니다. 그리고 변수이름 앞에 int라는 자료형을 붙입니다.

그런데 파이썬은 단순히 변수이름만 정하고, 변수에 값을 할당해서 사용합니다.

파이썬의 변수는 C/C++ 같은 프로그래밍 언어와 달리 실제 값이 저장되는 공간 자체가 아니라 값들의 임시 저장소입니다. 변수에는 값인 객체가 어디에 있는지 알려주는 주소인 레퍼런스(reference)만 저장합니다. 레퍼런스는 값이 메모리의 어디에 있는지 알려줍니다. 파이썬에서 변수가 실제 값이 존재하는 위치를 가리키는 것을 바인딩(binding)한다고 합니다.

프로그램을 만들 때 변수에 다양한 객체를 할당할 수 있는 이유는 단순히 레퍼런스만 저장하기 때문에 자료형의 종류에 상관없이 객체를 할당할 수 있는 겁니다. 즉 메모리에 접근할 수 있도록 붙인 '이름표'가 바로 변수입니다.

할당 연산자 또는 대입 연산자라고 부르는 등호(=)를 써서 변수가 값을 가리키게 할 수 있습니다.

age = 25

이 코드의 의미는 **age**라는 변수가 '25'라는 값을 가리키게 하라는 뜻입니다. 수학에서 등호(=)는 '같다'라는 뜻이지만, 파이썬에서는 그 값을 가리키라는 기호입니다. 이것을 바인딩한다고 합니다.

이렇게 변수가 어떤 값을 가리키면 값이 저장됩니다. 이것을 변수에 값을 할당(Assigning)한다고 합니다. 표현이 조금 어렵지만, 프로그래밍 언어를 배울 때 자주 쓰는 말이니까 잘 기억해두세요. 이렇게 변수가 어떤 값을 가리키도록 하는 문장을 '할당문'이라고 합니다.

그러면 메모리 어딘가에 25라는 값이 올라갑니다. 이것을 '적재(load)'라고 합니다.

이렇게 하면 변수 age로 메모리에 저장된 값 '25'를 찾아서 사용할 수 있습니다. 이것을 '참조한다'라고 합니다.

변수 age에는 값 25가 있는 메모리의 주솟값이 저장되어 있습니다.

길고 외우기 힘든 메모리 주소를 기억하는 것이 아니라, 기억하기 쉬운 이름

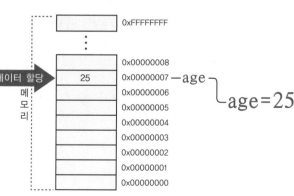

을 만들어 '이름표'처럼 붙여 놓는 것이죠.

변수에 대해서 더 알아보겠습니다. 아래 코드를 실행합니다.

x = 300

이 코드를 실행하면 '300'이라는 값은 메모리에 어딘가에 저장되게 됩니다. 파이썬에서 이것을 객체(Object)라고 합니다. 그리고 주소(address)를 갖겠죠? x라는 변수 역시 메모리의 어딘가에 있는 공간입니다. 이 공간에는 '300'이라는 객체의 주솟값이 저장돼 있습니다.

변수 x가 300이라는 객체를 가리키고 있는 것이죠. 우리가 주소를 보고 실제로 사는 집에 찾아갈 수 있는 것처럼 변수를 통해 객체를 찾을 수 있는 겁니다.

id(변수이름)로 객체의 주솟값을 확인할 수 있습니다. 이 주솟값을 '레퍼런스'라고 하는데 컴퓨터마다 레퍼런스 값은 다르게 나타날 수 있습니다.

```
x=300
```

```
id(x)
```
2303343436368

아래와 같이 코딩을 해볼까요? 변수 y에도 300을 할당했습니다. 레퍼런스 값을 확인해볼까요?

```
y=300
```

```
id(y)
```
2303343436784

변수 x, y에 300을 할당했지만 서로 다른 300이라는 정수 객체를 가리키고 있습니다. 300이라는 정수 객체는 메모리의 서로 다른 곳에 저장된 것이죠.

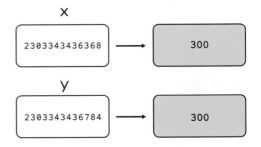

아래와 같이 코딩하면 변수 y와 변수 x가 가리키는 객체는 같아집니다.

```
y=x
```

```
id(y)
```
2303343436368

즉 두 변수의 레퍼런스 값이 같습니다.

수식으로 처리한 결과를 저장하고 다른 수식에서 활용하는 방법을 배워볼까요? 아래 표현식을 실행하면 계산한 값이 나옵니다.

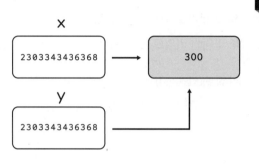

```
100+300+400
```
800

위의 표현식을 그대로 적고 변수 x를 만들어 등호(=)로 변수에 할당합니다.

변수 x를 다음 줄에 넣어 실행하면 계산된 결과를 볼 수 있습니다. 표현식의 결과를 변수 x가 가리키고 있습니다. 변수 x가 다른 값을 가리키지 않는 이상 항상 800이라는 값을 가리킵니다. 변수 x에 800을 할당한 것이죠.

```
x=100+300+400
```

```
x
```
800

이해가 잘 되나요?

변수 x를 다른 표현식에 쓰고 그 값을 변수 y에 할당해볼까요? 항상 표현식이 먼저 계산되고 계산이 끝난 후 할당문이 실행되어 변수 y에 계산된 결과를 넣습니다. 계산이 끝나도 변수 x는 항상 800을 가리킵니다.

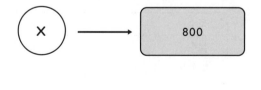

변수는 프로그래밍에서 반드시 알아야 할 개념입니다. 그렇다면 변수를 왜 사용하는 걸까요?

프로그램을 만들다 보면 같은 데이터를 여러 번 사용해야 할 경우가 있습니다. 프로그래밍할 때마다 여러 데이터를 모두 기억하기는 어렵겠죠? 이런 경우 데이터를 직접 입력하기보다는 변수를 이용해서 메모리 공간에 저장해 놓은 데이터를 사용하는 것이 편리합니다.

변수이름을 정하는 규칙(명명 규칙naming convention)은 다음과 같습니다.

■ 영문자(대, 소문자 구분), 숫자, 언더바(_)를 쓸 수 있다.
■ 첫 글자로 숫자를 쓸 수 없다.
■ 파이썬 키워드(False, None, True, and, as, assert 등)는 변수이름으로 쓸 수 없다.

키워드(Keyword)는 파이썬에 이미 예약되어 있는 '문자열'로 다른 용도로는 쓸 수 없는 '문자열'을 말하는 것으로 특별한 일을 하는 단어라고 생각하면 됩니다.

변수이름으로 쓸 수 있는지 판단하는 isidentifier 메소드를 사용해볼까요? 이 메소드를 이용해서 두 문자열을 확인하면 *가 들어간 문자열은 변수가 될 수 없다는 것을 알 수 있습니다.

```
s = "x + b*"
```

```
s.isidentifier()
```
False

```
s1 = "x_b"
```

```
s1.isidentifier()
```
True

True는 참, False는 거짓을 나타냅니다.

변수에 모든 객체를 할당할 수 있습니다. 파이썬에서 만드는 모든 것을 할당할 수 있다는 말입니다. 파이썬의 특징을 잘 나타내는 것이 변수입니다.

■ 변수에 저장할 수 있는 것들

정수	my_int = 12
실수	my_float = 3.16
문자열	string = 'some text'
참/거짓(Boolean)	trun_or_false = True
리스트	my_list = [1, 2, 3, 4, 5]

튜플	my_tuple = {1, 2, 3, 4, 5}
사전	my_dict = {'gender' : 'male', 'age' : 25}
클래스 인스턴스	class_instance = MyClass()

변수 사용법을 잘 알면 프로그램을 만들 수 있는 기초 능력을 갖출 수 있습니다.

주피터 노트북의 자동완성 기능을 이용하면 쉽게 변수를 사용할 수 있습니다. abcdefg라는 이름이 긴 변수를 만들었습니다. ab까지만 쓰고 tab을 누르면 그림처럼 변수이름이 나옵니다.

변수이름 앞 몇 글자만 쓰고 tab을 누르면, 우리가 만들었던 변수를 쉽게 찾을 수 있습니다.

```
abcdefg = 123
```

```
ab
abcdefg
abs
```

● **이름공간**(네임스페이스, Namespace)

파이썬은 모든 것을 값으로 처리합니다. 프로그램을 작성한다는 것은 값을 저장하고, 필요할 때 이 값을 읽어 여러 가지 처리를 한다는 뜻입니다.

프로그램에서는 이 값을 관리하는 기준이 필요하며 파이썬은 이름공간(네임스페이스, Namespace)을 만들어 관리합니다.

이 이름공간에 들어갈 수 있는 이름은 '주민등록번호'와 같이 프로그램 안에서 단 하나만 있어야 합니다.

이름을 써서 그 안에 들어있는 값을 검색해 사용할 수 있습니다. 이름으로 구별한다고 해서 식별자(identifier)라고 합니다. 이름을 구별할 수 있도록 프로그램 안에서 식별자마다 의미를 정합니다.

이름으로 정할 수 있는 요소는 변수(variable)뿐만 아니라, 함수(function), 클래스(class), 모듈(module) 등이 있습니다. 이것들에 관해서는 나중에 하나씩 자세히 배우게 될 것입니다.

x = 3이라는 코드를 실행하면 이름공간에 x와 3이 짝을 이루게 됩니다.

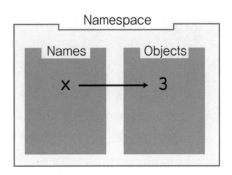

x = 7이라는 코드를 실행해볼까요? 변수 x에 할당된 값이 바뀌었기 때문에, 이름공간에서 변수 x와 짝을 이루는 값도 바뀌게 됩니다.

이름공간은 함수에서 더 자세히 배우게 됩니다.

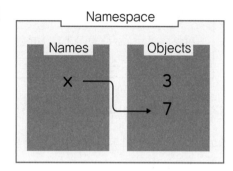

Column 문장 작성 방법과 주석

문장은 읽기 쉽게 작성해야 합니다. 즉, 문장은 가독성이 좋게 적정한 길이로 만드는 것이 중요합니다. 문장이 길면 여러 줄에 문장을 작성해서 가독성이 좋게 합니다. 한 문장을 여러 줄에 작성할 때는 한 문장이라는 표시로 문장 끝에 역슬래시를 써서 문장을 연결합니다. 괄호를 써서 한 문장으로 처리할 수도 있습니다.

● 여러 문장을 한 문장으로 처리하기

다음과 같이 변수 z에 할당하는 문장에서 연산기호 다음에 쓰는 값을 줄을 바꿔 작성하고 실행하면 오류가 발생합니다. 문장 끝을 인식하지 못했다는 표시로 **SyntaxError**를 출력하는 것이죠.

```
z = 100 + 200 +
    300
```

```
  File "<ipython-input-16-4aff2842a810>", line 1
    z = 100 + 200 +
                   ^
SyntaxError: invalid syntax
```

한 문장을 행의 바꿔서 쓸 때는 역슬래시를 연산자 다음에 붙여 에러를 피할 수 있습니다. ₩가 역슬래시 기호입니다. 아래 문장처럼 쓰고 실행하면 표현식이 계산되고 계산된 결과를 변수 z에 저장합니다. 다음 셀에 변수 z을 넣어 실행하면 저장된 값이 출력됩니다.

```
z = 100 + 200 + ₩
    300
```

```
z
```

```
600
```

다음과 같이 괄호를 써도 됩니다. 앞의 표현식과 같지만, 앞과 뒤를 괄호로 묶었습니다. 이 문장을 실행하면 오류 없이 계산된 결과가 변수 y에 저장됩니다.

저장된 값을 확인하기 위해 다음 셀에 변수 y를 입력하고 실행하면 같은 결과가 출력됩니다.

```
y = (100 + 200 +
    300)
```

```
y
```
```
600
```

● 주석

주석(註釋)은 사전적 의미로 "낱말이나 문장의 뜻을 쉽게 풀이함. 또는 그런 글"이라는 뜻을 가지고 있습니다.

프로그램에서 주석이란 프로그램의 실행에는 전혀 관여하지 않으면서 프로그램 코드 중간중간에 코드에 관한 자세한 설명을 적는 것을 말합니다.

사용자가 만든 프로그램을 다른 사람에게 설명하려면 적지 않은 시간과 노력이 필요합니다. 또한 자기가 만든 코드도 시간이 지나면 이해하는 데 시간이 걸리기도 합니다.

프로그램은 여러 사람과 협동해서 만드는 경우가 많습니다. 코드에 대한 설명이 없다면 팀원들이 코드를 해석하는데 많은 시간이 낭비되겠죠? 컴퓨터는 주석에 해당 부분은 읽지 않으니까 필요한 곳에 마음껏 주석을 써도 됩니다.

주석은 블록 단위와 한 줄(행) 단위로 만들 수 있습니다.

블록 단위: 작은따옴표(')를 연달아 3개 쓴다.

```
'''
블록단위 주석입니다.
작은 따옴표(')를 연달아 세개를 사용합니다.
주석으로 코드의 의미를 설명하세요.
'''
print("Hello world")
```
```
Hello world
```

행 단위: 문장 앞에 #을 붙인다.

```
print("Hello world") #화면에 내용을 출력하는 함수입니다.
#줄(행) 던위 주석입니다.
#샵(#)를 사용합니다.
#주석으로 코드의 의미를 설명하세요.
```
```
Hello world
```

숫자 자료형

자료형이란 프로그래밍할 때 쓰는 숫자, 문자열 등 자료 형태로 사용하는 모든 것을 말합니다. 프로그램의 기본이 바로 자료형입니다. 어떤 자료형을, 어떻게 사용하는지를 아는 것이 프로그래밍의 기본 중의 기본입니다. 따라서 자료형에 관한 충분한 이해 없이 프로그래밍하려는 것은 기초 공사 없이 집을 짓는 것과 같습니다.

파이썬에서 사용할 수 있는 다양한 자료형 중에 먼저 숫자 자료형을 배워보겠습니다.

자료형이란 프로그래밍할 때 쓰는 숫자, 문자열 등 자료 형태로 사용하는 모든 것을 말합니다. 프로그램의 기본이 바로 자료형입니다. 어떤 자료형을, 어떻게 사용하는지를 아는 것이 프로그래밍의 기본 중의 기본입니다. 따라서 자료형에 관한 충분한 이해 없이 프로그래밍하려는 것은 기초 공사 없이 집을 짓는 것과 같습니다.

파이썬에서 사용할 수 있는 다양한 자료형 중에 먼저 숫자 자료형을 배워보겠습니다.

정수는 -1, 0, 1, 2와 같이 0과 양수, 음수로 된 수를 말합니다. 파이썬은 정수를 하나의 클래스로, 정수에 포함되는 0, 양수와 음수를 객체로 생각합니다. 프로그램 언어는 객체가 사용할 수 있는 다양한 값(속성)과 기능(메소드)을 가지고 있습니다.

파이썬은 객체를 만들 때 클래스를 실행하지 않아도 클래스에 객체를 만드는 방식을 리터럴 표기법으로 제공합니다. 정수도 클래스이지만 객체를 만들 때 대부분 리터럴 표기법으로 객체를 만듭니다. '변수이름 = 클래스 이름()'처럼 클래스를 쓰지 않아도 정수 객체를 만들 수 있습니다.

● 정수로 객체 알아보기

100을 입력하고 단축키로 실행하면 정수 객체가 만들어집니다. 이 방법이 리터럴 표기법입니다. 리터럴 표기법으로 객체를 만들면 메모리 주솟값(레퍼런스)을 보여주는 것이 아니라 실제 정숫값 100을 출력합니다.

```
100
```

100

객체가 어떤 클래스로 만들어졌는지 확인하는 방법이 있습니다. 객체를 괄호로 묶고 점(.)을 쓴 후에 __class__를 입력합니다. 점(.)은 객체 접근 연산자로 쓰는 겁니다.

아래 그림을 보면 출력 결과가 int라고 표시됩니다. 정수는 영어로 integer라고 합니다. 이 객체는 정수 클래스로 만들어졌다는 것을 알 수 있습니다.

```
(100).__class__
```

```
int
```

정수 객체를 만들 때 리터럴 표기법을 써서 만드는 것을 알았습니다.

isinstance 함수로 정수 클래스로 만들어졌는지 확인해볼까요?

```
isinstance(100, int)
```

```
True
```

```
isinstance(0, int)
```

```
True
```

```
isinstance(-100, int)
```

```
True
```

● 실수로 객체 알아보기

1.2, 2.9와 같이 소수점을 사용하는 수를 실수라고 합니다. 실수도 정수처럼 리터럴 표기법으로 실수 객체를 만들 수 있습니다.

실수는 소수점을 가진 숫자이므로 소수점을 써서 리터럴 표기법으로 나타냅니다. 정수의 클래스를 확인하는 방법과 같이 괄호에 실수를 넣고 점을 쓴 후에 __class__를 입력하고 실행하면 'float'를 출력합니다. 파이썬에서 실수 클래스 이름은 float라는 것을 알 수 있습니다.

```
100.25
```

```
100.25
```

```
(100.25).__class__
```

```
float
```

실수 클래스가 float라는 것을 확인했습니다. 리터럴 표기법으로 만든 실수들이 실제 객체인지 isinstance 함수를 통해 확인하면 모두 float 클래스로 만든 객체라는 것을 확인할 수 있습니다.

그러면 0은 실수 객체일까요? 0이 실수(float) 클래스가 만들었는지 isinstance로 확인해보면 거짓

으로 나옵니다.

우리가 보기엔 0은 정수도 되고 실수도 되기 때문에 참이 될 것 같지만, 파이썬은 정수와 실수를 각각 다른 클래스에서 관리한다는 것을 기억하세요.

```
isinstance(0, float)
```

```
False
```

하지만, '0.0'처럼 소수점을 붙여 확인해보면 참이 됩니다.

```
isinstance(0.0, float)
```

```
True
```

● 변수에 숫자 자료형 할당하기

자바는 -1, 0, 1과 같은 정수를 저장하는 변수를 사용하려면 변수이름에 int를 붙여야 합니다.

파이썬은 변수를 정의할 때 다른 프로그래밍 언어처럼 변수 앞에 키워드를 붙이지 않습니다. 왜 그럴까요? 파이썬에서 만든 것은 모두 객체이고, 어떤 객체도 변수에 할당할 수 있기 때문입니다. 같은 변수 이름에 다양한 클래스로 만든 객체를 할당할 수 있다는 말입니다.

변수를 정의하고 객체를 할당합니다. 변수에 할당된 객체가 어떤 클래스인지 확인할 수 있습니다. 이것을 타입 체크(type check)라고 합니다.

```
x = 300
```

변수 x에 정수 객체 300을 할당하면 변수가 정의된 것입니다. 변수를 정의하면 프로그램에 사용할 수 있습니다. 변수 x에 저장된 것은 정수 객체입니다. 객체는 자기가 만들어질 때의 상태 즉 자기 값의 정보(상태)를 속성(attribute)에 보관합니다.

변수 x도 정수 객체를 저장하므로 정수 객체를 확인할 수 있는 속성에 접근할 수 있습니다. 정수 객체는 정숫값만 상태로 보관하므로 real 속성에 값이 들어가 있는지 확인해 봅니다.

```
x.real
```

```
300
```

변수이름.__class__로 코드를 쓰면 어떤 클래스로 만들었는지 알 수 있습니다.

주피터 노트북에서 제공하는 편리한 기능을 이용해도 됩니다. 변수이름만 쓰고 탭(tab) 키를 누르면 객체의 속성과 메소드가 자동으로 보입니다.

여기서 밑줄(_) 2개를 쓰고(__) tab을 누릅니다. 파이썬에서 '_' 시작하는 코드는 특별한 코드라고 생각하면 됩니다.

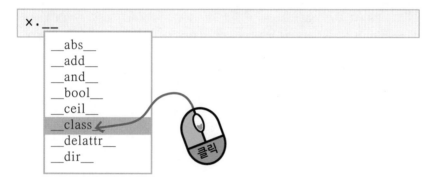

여기서 화살표 위-아래 키나 마우스로 __class__를 찾아서 엔터키를 누릅니다.

```
x.__class__
```
```
  int
```

이런 기능을 '자동완성'이라고 합니다. 자동완성 기능을 이용하면 편하게 코딩을 할 수 있어서 여러 가지 코드를 외우지 않아도 됩니다.

변수 y에 실수 객체인 3.3을 저장하고 정수 객체에 있는 **real** 속성을 변수 y에 표시해 확인하면 숫자에 대한 정보는 다른 클래스이지만 동일한 속성이름으로 만들어서 관리하는 것을 알 수 있습니다.

```
y = 3.3
```

```
y.real
```
```
  3.3
```

앞에서 만든 두 변수 x와 y를 가지고 덧셈을 해봅시다. 두 변수에 들어있는 객체는 다르지만, 실수가

정수를 포함하므로 계산할 수 있습니다. 실행한 결과는 새로운 변수 z에 할당합니다.

```
z = x + y
```

```
z
```
303.3

변수 z를 넣고 실행하면 두 변수의 값을 더한 결과가 실수로 표시되는 것을 알 수 있습니다.

파이썬는 정수와 실수만 제공하는 것이 아니라 복소수도 제공합니다. 복소수는 실수와 허수로 된 수를 말합니다. 수학에서는 허수로 i를 사용하지만 파이썬은 j를 사용합니다. 복소수도 리터럴 표기법으로 객체로 만들 수 있습니다.

리터럴 표기법으로 만든 객체를 변수 c에 할당하고 변수 c를 이용해서 클래스를 확인해볼까요?

__class__를 입력합니다. 그러면 복소수 클래스 이름인 complex가 출력됩니다.

```
c = 100+10j
```

```
c.__class__
```
complex

복소수는 실수부와 허수부를 따로 관리합니다. 이를 확인하기 위해 변수 c로 real 속성으로 실수부 값을, imag 속성으로 허수부 값을 확인할 수 있습니다. 허수는 영어로 'imaginary number'라고 합니다.

```
c.real
```
100.0

```
c.imag
```
10.0

복소수는 실수를 포함하므로 복소수와 실수를 계산하면 복소수가 됩니다.

```
d = c + z
```

```
d
```

```
(403.3+10j)
```

2 수식으로 숫자 계산하기

파이썬에서는 더하기(+), 빼기(-) 등의 기호를 연산자라고 합니다. 숫자들 하나하나가 클래스에 의해 만들어진 객체이므로 객체들을 연산자로 처리한다는 것은 이들 객체로 새로운 객체를 만들어서 표시한다는 뜻입니다.

아래는 숫자 자료형에서 사용할 수 있는 연산자입니다. a = 10, b = 20, c=3으로 정했습니다.

연산자	설명	예
+	더하기	a+b=30
-	빼기	a-b=-10
*	곱하기	a*b=200
/	나누기	b/a=2.0
%	나머지	b%a=0
**	제곱	a**c=1000
//	몫	a//c=3

● 수식을 이용해 계산하기

같은 정수 객체 100을 더하면 새로운 객체 200이 나옵니다

```
100 + 100
```

```
200
```

파이썬으로 아래 식을 계산해봅시다. 보통 프로그래밍 언어는 곱셈 연산자로 별표(*)를 씁니다. 초등학교에서 배우는 혼합식 기억나나요? 곱셈과 덧셈이 있으면 곱셈을 먼저 계산합니다.

```
100 + 2 * 100
```
　300

위의 식을 보면 곱셈을 먼저 하고, 그다음에 덧셈을 하는 것을 알 수 있습니다. 이처럼 연산자마다 처리되는 순서가 있습니다. 이것을 '연산자 우선순위'라고 합니다.

연산자 우선순위를 바꾸려면 먼저 계산될 수식에 괄호를 쓰면 됩니다. 아래의 두 수식을 보면 계산되는 순서가 다른 것을 알 수 있습니다.

```
(100 + 2) * 100
```
　10200

```
100 + (2 * 100)
```
　300

이번에는 정수의 나눗셈과 나머지를 구하는 연산자를 알아볼까요? 먼저 정수로 나눗셈을 하는 방법을 설명하겠습니다. 슬래시를 두 개를 써서 정수를 나누면 정숫값을 표시합니다. 몫이 정수가 되는 것이죠. %를 쓰면 나머지 값만 구할 수 있습니다.

```
101 // 10
```
　10

```
101 % 10
```
　1

슬래시를 하나 쓰면 몫이 실숫값이 됩니다. 슬래시 하나와 두 개의 차이를 알 수 있겠죠?

```
101 /  10
```
　10.1

정수와 실수를 연산하면 결과는 실수가 됩니다. 실숫값을 정숫값으로 바꾸려면 int( ) 안에 실숫값을 넣으면 됩니다.

```
10 + 11.23
```

21.23

```
int(10 + 11.23)
```

21

그러면 소수점 이하의 수는 사라집니다.

# Sequence 자료형

C/C++ 같은 프로그래밍 언어는 'a', 'b', 'c'와 같은 알파벳 글자 하나를 '문자'라고 하고, 'python'처럼 둘 이상의 문자로 구성된 것을 '문자열(String)'이라고 합니다.

파이썬은 다른 프로그래밍 언어와 달리 문자와 문자열을 구분하지 않고 작은따옴표('')나 큰따옴표("")에 넣어 쓴 문자를 문자열이라고 합니다. 즉 문자 하나도 문자열로 취급합니다.

파이썬은 문자열을 영어 알파벳만 처리하는 방법(bytes)과 모든 언어 표기법이 처리하는 방법(str) 둘 다 지원합니다. 정수나 실수와 같은 두 가지 문자열은 다른 클래스를 만들어서 관리합니다.

파이썬 3버전부터는 모든 언어 표기법이 가능하므로 변수이름도 한글로 정의해서 사용할 수 있습니다.

---

1 리스트와 튜플 알아보기

3장에서 파이썬의 기본 자료형(데이터 타입)인 정수형, 실수형을 배웠습니다.

이번 시간에는 데이터가 여러 개 있을 때 효과적으로 저장하고 관리할 수 있는 자료구조 중에 가장 많이 쓰이는 리스트(list), 튜플(tuple)을 자세히 알아보겠습니다.

회원 이름을 관리하는 프로그램을 만들어 회원 이름을 번호 순서대로 관리하고 싶습니다. 어떻게 하면 될까요? 앞에서 배운 변수를 이용해 회원 이름을 문자열로 표현해서 저장하면 되겠죠?

```
member1 = "홍길동"
member2 = "홍길순"
member3 = "이순신"
member4 = "유관순"
        ...
```

회원이 5명뿐이라면 변수를 5개만 만들면 됩니다. 그런데 회원이 점점 늘어 백 명, 천 명이 되면 변수도 100개, 1000개 만들어야 합니다. 이와 같이 같은 자료형을 여러 개 관리해야 할 경우에 편리하게 쓸 수 있는 것이 리스트(list)입니다.

리스트를 이용하면 여러 데이터를 한 번에 저장할 수 있어서 변수를 여러 개 만들 필요가 없습니다. 리스트는 대괄호([ ])를 쓰고 그 안에 데이터를 넣습니다. 데이터 사이에는 쉼표를 넣어서 구분합니다.

```
member_list = ["홍길동", "홍길순", "이순신", "유관순"]
```

여러 데이터를 저장해서 관리할 수 있는 자료구조가 또 있습니다. 바로 튜플(tuple)입니다.

리스트와 튜플의 차이점은 무엇일까요? 리스트는 안에 들어있는 데이터(원소)를 바꿀 수 있지만, 튜플은 바꿀 수 없습니다. 바꿀 수 있다는 것은 데이터(원소)를 더 넣거나 지울 수 있다는 겁니다.

이렇게 여러 원소로 구성된 자료형을 시퀀스(sequence) 자료형이라고 합니다. 시퀀스 자료형의 특징은 같은 타입의 여러 원소를 가질 수 있을 뿐만 아니라 리스트와 같은 객체도 원소로 가질 수 있다는 점입니다.

2 문자열 객체 알아보기

문자열도 클래스가 있고 객체로 만들어서 사용할 수 있습니다. 정수나 실수처럼 리터럴 표기법으로 객체를 만들어 볼까요?
문자, 숫자와 공백문자 등 문자코드로 제공하는 것은 모두 문자열로 쓸 수 있습니다.

● **문자열 알아보기**

큰따옴표("") 사이에 영어 문자열을 쓰고 실행하면 그대로 문자열이 출력됩니다. 작은따옴표('') 사이에 한글을 넣고 실행해도 작성한 것을 그대로 출력합니다.

```
"Hello Python World"
```
'Hello Python World'

```
'안녕하세요 . 파이썬  세상입니다 .'
```
'안녕하세요 . 파이썬 세상입니다 .'

리터럴 표기법으로 작성된 문자열은 객체입니다.

이 문자열 객체의 클래스를 확인하기 위해 __class__를 입력합니다. 출력된 결과가 str로 나옵니다. 문자열의 클래스 이름이 str인 것을 알 수 있습니다.

리터럴 표기법으로 작성한 한글 문자열을 변수 s에 할당합니다. 변수 s를 쓰고 __class__를 입력합니다. 클래스 이름이 str이라고 나옵니다.

4. Sequence 자료형 ● 53

```
"Hello Python World".__class__
```
```
str
```

```
s = '안녕하세요 . 파이썬  세상입니다 .'
```

```
s.__class__
```
```
str
```

print 명령어를 사용하면 class 'str'을 출력합니다.

```
print(s.__class__)
```
```
<class 'str'>
```

isinstance 명령어로 객체가 특정 클래스로 만든 것인지 확인할 수 있습니다. 변수 s는 문자열 객체를 가리킵니다. 문자열 객체는 str 클래스로 만들었으니까 참(True)이 되겠죠?

```
isinstance(s, str)
```
```
True
```

3 문자열에 연산자 사용하기

파이썬 연산자는 숫자 객체에만 쓸 수 있는 것이 아닙니다. 문자열 객체에도 덧셈과 곱셈 연산자를 쓸 수 있습니다.

문자열에 쓰는 덧셈과 곱셈은 숫자 처리할 때와 다릅니다. 연산자를 객체마다 다르게 쓸 수 있는 것은 연산자들이 클래스마다 다르게 정의되어 있기 때문입니다.

메소드는 클래스에 들어있는 함수를 말합니다. 그래서 메소드를 '클래스 함수'라고도 합니다. 함수는 어떤 기능을 하는 코드를 말하는데 나중에 자세히 배울 겁니다. 우선 '함수는 어떤 일을 한다' 정도만 알면 됩니다.

예를 들어 '강아지'라는 클래스를 만들고 '짖는다'라는 함수를 만들었다고 생각해봅시다. 이 함수를 쓰면 '멍멍'하고 짖습니다.

강아지 클래스에서 '뽀삐'라는 객체를 만듭니다. 이 객체는 강아지입니다. 멍멍 큰 소리를 내어 짖을 수 있겠죠? '짖는다'라는 메소드를 사용할 수 있습니다.

메소드는

"객체이름.메소드이름"

으로 씁니다. "뽀삐.짖는다"라는 명령어를 실행하면 '멍멍' 짖습니다.

고양이라는 클래스도 만들 수 있습니다. 이 클래스에도 '짖는다'라는 함수를 만듭니다. 이 함수를 사용하면 '야옹' 소리를 냅니다.

고양이 클래스에서 '미미'라는 객체를 만듭니다. 마찬가지로 '짖는다' 메소드를 사용할 수 있겠죠?

"객체이름.메소드이름"

"미미.짖는다"라는 명령어를 실행하면 '야옹'하고 소리를 냅니다. 같은 메소드이지만 다른 일을 하는 것이죠.

숫자와 문자열도 마찬가지입니다. 이것에 관해서는 나중에 더 자세히 알아보겠습니다. 여기서는 '같은 메소드도 다른 일을 할 수 있구나!' 정도만 기억하세요.

● **문자열 연산자 사용하기**

변수 s에 리터럴 표기법을 써서 문자열 객체를 만들어 할당합니다.

문자열 객체가 저장된 변수 s 다음에 더하기 연산자를 넣고 리터럴 표기법으로 문자열 객체를 하나 더 만듭니다. 이 연산의 결과를 변수 ss에 할당합니다. 변수 ss를 실행해보면 두 문자열 객체가 하나로 합쳐진 것을 볼 수 있습니다.

```
s = '안녕하세요 . 파이썬  세상입니다 .'
```

```
ss = s + " 입문하신  것을 환영합니다 . "
```

```
ss
```

'안녕하세요 . 파이썬 세상입니다 . 입문하신 것을 환영합니다. '

이번에는 리터럴 표기법으로 만든 문자열 객체와 정수를 곱해볼까요? 처리된 결과를 변수 ss_에 할당했습니다. 할당된 변수를 확인하면 정숫값만큼 문자열이 더 생긴 것을 알 수 있습니다.

```
ss_ = "파이썬 " * 5
```

```
ss_
```

' 파이썬파이썬파이썬파이썬파이썬 '

문자열 객체는 여러 개의 문자로 구성된 집합이므로 문자열의 문자를 하나씩 확인할 때는 대괄호 연산자([ ])를 사용합니다. 문자 하나하나를 문자열의 '원소'라고 생각하면 됩니다.

여기서 인덱스를 알아야 합니다. 인덱스는 순서라고 생각하면 됩니다.

컴퓨터는 우리와는 조금 다르게 0부터 숫자를 셉니다. 변수 ss_에 저장된 문자열을 인덱스로 표현해 볼까요?

파	이	썬	파	이	썬	파	이	썬	파	이	썬	파	이	썬
0	1	2	3	4	5	6	7	8	9	10	11	12	13	14

첫 번째 문자의 인덱스는 0입니다. 8번째 문자의 인덱스는 7이고 문자는 '이'입니다.
이런 표기법을 인덱스 검색이라고 합니다.

```
ss_[0]
```
'파'

```
ss_[7]
```
'이'

문자열에 문자가 몇 개 있는지는 len 명령어로 알 수 있습니다. 변수 ss_에 저장된 문자열 객체는 15개의 문자로 되어 있습니다. 한글도 하나의 문자로 처리합니다.

마지막 인덱스는 0부터 시작했으므로 전체 길이에 −1을 해서 검색해야 인덱스 범위 내의 마지막 값을 확인할 수 있습니다.

```
len(ss_)
```
15

```
ss_[len(ss_)-1]
```
'썬'

순서를 거꾸로 세는 경우가 있는 것과 마찬가지로 인덱스도 오른쪽에서 왼쪽으로 거꾸로 값을 확인할 수 있습니다. 이때 인덱스는 −1부터 시작합니다. 왼쪽으로 갈수록 인덱스가 1씩 더 작아집니다.

파	이	썬	파	이	썬	파	이	썬	파	이	썬	파	이	썬
−15	−14	−13	−12	−11	−10	−9	−8	−7	−6	−5	−4	−3	−2	−1

이때 인덱스 시작은 −1부터 시작하므로, 문자열 길이가 15이면 첫 글자의 인덱스는 −15가 됩니다.

```
ss_[-1]
```

'썬'

```
ss_[-8]
```

'이'

```
ss_[-15]
```

'파'

그런데 인덱스 검색의 단점은 인덱스 범위 내에서만 조회가 가능하다는 점입니다. 인덱스 범위를 벗어난 조회를 하면 예외가 발생합니다.

```
ss_[-16]
```

```
-------------------------------------------------------------------
IndexError        Traceback (most recent call last)
<ipython-input-24-1b71682386d0> in <module>
----> 1 ss_[-16]

IndexError: string index out of range
```

파이썬에 '슬라이싱(slice)' 기능이 있습니다. slice는 '자르다'라는 뜻입니다. 문자열에서 원하는 문자열만 가져올 수 있는 기능입니다. 가져오고 싶은 문자열의 범위를 인덱스로 정하면 됩니다.

슬라이싱할 때는 시작하는 곳, 끝나는 곳, 간격을 정해서 문자열 객체에서 원하는 문자열을 가져옵니다.

문자열[시작하는 곳:끝나는 곳:간격]

특정한 범위의 첫 번째 시작점은 포함되지만, 종료점은 검색에 포함되지 않습니다. 간격을 쓰지 않

으면 간격은 1이 됩니다. 예제를 보면서 어떤 뜻인지 알아볼까요?

```
ss_[0:3]
```

'파이썬'

```
ss_[5:13]
```

'썬파이썬파이썬파'

SS_[0:3]은 0번째 인덱스부터 3번째 인덱스까지의 문자열을 하나씩 가져와서 새로운 문자열을 만듭니다. 세 번째 문자는 포함하지 않습니다. '파이썬파'가 아니라 '파이썬'이 되는 것이죠. 간격을 쓰지 않았으므로 간격은 1이 됩니다.

이번에는 간격을 넣어 원하는 문자만 가져옵니다. 0번부터 14번 문자까지 두 칸씩 건너뛰어 문자를 가지고 와서 새로운 문자열을 만듭니다.

```
ss_[0:14:2]
```

'파 썬 이 파 썬 이 파'

시작하는 곳과 끝나는 곳을 정하지 않고 간격만 −1로 정하면 맨 끝에서부터 거꾸로 문자를 가지고 와서 문자열을 만듭니다. 그러면 글자가 뒤집히겠죠?

```
ss_[::-1]
```

'썬이파썬이파썬이파썬이파썬이파'

```
ss_[::3]
```

'파파파파파'

문자열하고 숫자를 합칠 수 있을까요?

```
"파이썬 "+1004
```

```
---------------------------------------------------------------------
TypeError            Traceback (most recent call last)
<ipython-input-1-fb7d799fa6ed> in <module>
----> 1 "파이썬 "+1004

TypeError: can only concatenate str (not "int") to str
```

문자열과 숫자는 + 연산자로 합칠 수 없습니다.

문자열은 문자열끼리, 숫자는 숫자끼리 +연산자를 사용할 수 있습니다. 문자열과 숫자를 합치려면 str함수를 써서 숫자 객체를 문자열 객체로 바꾸면 됩니다. str은 string(문자열)의 줄임말입니다.

```
"파이썬 "+str(1004)
```

```
'파이썬 1004'
```

4 문자열에 메소드 적용하기

문자열 클래스에는 다양한 기능을 할 수 있는 메소드가 많습니다. 문자열 객체에 메소드를 실행하면 원래 문자열을 바꾸지 않고 항상 새로운 문자열 객체를 만듭니다.

● **문자열 객체 내의 메소드 알아보기**

리터럴 표기법으로 문자열 객체를 하나 생성하고 이 문자열을 재사용하기 위해 변수 x에 할당합니다. 할당된 변수 x를 넣고 내부에 저장된 문자열 객체를 확인합니다.

```
x = "Hello World"
```

```
x
```

```
'Hello World'
```

문자열 객체에서 메소드를 사용하는 방법은 다음과 같습니다. 문자열 객체나 문자열 객체가 할당된 변수에 점을 쓰고 메소드 이름을 쓰면 됩니다. '뽀삐.짖는다' 기억나죠?

메소드 괄호에 값을 넣어서 실행해야 하는 경우가 있습니다. 괄호에 넣는 값을 인자라고 합니다.

메소드에는 문자열에 어떤 문자가 몇 개 들어갔는지 세는 count 메소드, 어떤 문자가 어디에 있는지 알 수 있는 index, rindex 메소드가 있습니다. 그리고 문자를 검색해서 문자가 있으면 인덱스를 알려주는 find, rfind 메소드도 있습니다.

메소드 앞에 r이 있으면 역방향으로 처리하지만, 인덱스 정보는 순방향인 정수로 표시하는 것을 알 수 있습니다.

x.count('l') 명령어는 변수 x에 할당된 문자열에 'l' 문자가 몇 개인지 알 수 있습니다.

x.index('l') 명령어는 변수 x에 할당된 문자열에 'l' 문자가 몇 번째 있는지 알 수 있습니다. 문자

가 여러 개 있는 경우에는 가장 앞에 있는 문자의 위치를 알려줍니다.

x.rindex('l') 명령어는 변수 x에 할당된 문자열에 'l' 문자가 몇 번째에 있는지 알 수 있습니다. r이 붙었으니 역방향으로 문자를 찾겠죠? 문자가 여러 개 있으면, 가장 뒤에 있는 문자의 위치를 알려줍니다.

```
x.count('l'), x.index('l'), x.rindex('l')
```

(3, 2, 9)

```
x.find('l'), x.rfind('l')
```

(2, 9)

메소드를 이용해서 여러 개의 문자열을 합치거나, 하나의 문자열을 여러 개의 문자열로 나눌 수 있습니다. 먼저 여러 개의 문자열을 합쳐 보겠습니다.

문자열을 합칠 때는 join 메소드를 사용하면 됩니다. join은 '합친다, 결합한다'라는 뜻입니다.

"합칠 때 사용할 문자".join(합칠 문자열)

```
",".join(["hello","world"])
```

'hello,world'

반대로 문자열을 나눌 수도 있습니다. 이때는 split 메소드를 사용합니다. split은 '나누다, 쪼갠다'는 뜻입니다.

문자열.split('나눌 문자')

메소드의 인자(argument)로 어떤 문자를 기준으로 문자열을 나눌지 알려줘야 합니다.

```
"hello,world".split(',')
```

['hello', 'world']

"hello,world".split(',') 명령어는 쉼표(,)를 기준으로 문자열을 나누라는 뜻입니다. 그러면 'hello'와 'world'로 나뉩니다. 이렇게 나뉜 문자열은 리스트에 저장됩니다. 대괄호([ ])가 보이나요?

strip 메소드는 문자열 앞뒤에 있는 공백을 제거합니다.

strip 앞에 r과 l을 붙여서 문자열의 오른쪽(right) 공백이나 왼쪽(left) 공백만 없앨 수 있는 rstrip 메소드, lstrip 메소드도 있습니다.

```
"   hello   world  ".strip()
```
'hello   world'

```
"   hello   world  ".rstrip()
```
'   hello   world'

```
"   hello   world  ".lstrip()
```
'hello   world '

5 리스트 알아보기

리스트는 데이터를 여러 개 저장할 수 있는 자료구조입니다. 이런 자료구조를 배열이라고 합니다.

리스트 객체를 만들면 문자열 객체처럼 인덱스(순서)로 값을 찾을 수 있습니다. 리스트 객체에 값을 더 넣을 때는 메소드를 사용해야 합니다.

파이썬 리스트는 다른 배열과 달리 파이썬에서 만든 모든 자료형을 저장할 수 있습니다. 이는 최상위 클래스인 object를 상속한 모든 것을 저장할 수 있다는 뜻입니다.

리터럴 표기법으로 리스트 객체를 만들 수 있습니다. 리스트에 들어가는 값을 '원소'라고 합니다. 리스트 객체에는 원소를 더 넣을 수 있습니다.

먼저 빈 리스트 객체를 만들어 봅시다. 빈 리스트 객체를 리터럴 표기법으로 만들면 대괄호 내에 아무런 값(원소)을 쓰지 않습니다. 빈 리스트를 변수에 바인딩해도 리스트 객체이므로 저장이 됩니다.

변수 1을 셀에 적고 실행해볼까요? 빈 리스트를 가리키는 것을 볼 수 있습니다.

```
l = []
```

```
l
```
[]

list()를 실행하면 결과는 빈 리스트의 객체와 같습니다.

변수 1의 값(원소)을 확인하기 위해 len 함수에 인자로 넣어볼까요? len 함수를 써서 리스트에 값이 몇 개 들어있는지 확인할 수 있습니다. 빈 리스트이므로 0을 표시합니다.

 파이썬 입문 A to Z

문자열 객체도 문자(원소)가 몇 개 들어있는지 확인할 때는 len함수를 사용합니다. 문자열과 리스트 모두 배열이므로 같은 기능을 사용하는 것입니다.

```
list()
```
```
[ ]
```

```
len(l)
```
0

이번에는 리터럴 표기법으로 원소가 5개인 리스트 객체를 만들어서 변수 l1에 할당합니다.

```
l1 = [1,2,3,4,5]
```
```
l1
```
[1, 2, 3, 4, 5]

문자열 객체를 리스트 객체로 만들 수도 있습니다. list 함수를 쓰면 됩니다. 문자열의 문자 하나하나가 리스트 객체에 저장됩니다.

```
l11 = list("리스트를  알아봅니다 .")
```
```
l11
```
['리','스','트','를',' ','알','아','봅','니','다','.']

```
len(l11)
```
11

문자열 객체에 덧셈(+) 연산자와 곱셈(*) 연산자를 사용하는 방법을 배웠습니다. 리스트 객체에서는 어떻게 될까요?
리스트를 더하면 두 개의 리스트가 하나로 합쳐집니다.

```
[1,2,3] + [4,5,6]
```
[1, 2, 3, 4, 5, 6]

리스트에 숫자(정수) 곱하면 곱한 수 만큼 반복하여 새로운 리스트를 만듭니다.

```
[1,2,3] *3
```

```
[1, 2, 3, 1, 2, 3, 1, 2, 3]
```

6 튜플 알아보기

리스트와 구조는 같지만, 튜플은 한번 만들어지면 들어있는 값을 바꿀 수 없습니다. 값을 바꿀 수 없으므로 바뀌지 않는 값을 여러 개 저장할 때 많이 사용합니다.

리터럴 표기법을 써서 빈 튜플을 만들 때는 빈 괄호(( ))를 사용합니다. 이것을 변수 t0에 할당합니다. 튜플 클래스인 tuple을 써서 빈 튜플을 만들 수도 있습니다. tuple() 명령어를 실행하면 빈 튜플이 만들어집니다.

문자열, 리스트와 마찬가지로 len 함수로 튜플에 값이 몇 개 있는지 확인할 수 있습니다.

```
t0 = ()
```

```
tuple()
()
```

```
len(t0)
0
```

빈 튜플의 객체는 소괄호(( ))를 써서 만들 수 있습니다. 리스트와 마찬가지로 값을 여러 개 넣을 때는 쉼표(,)로 값을 구분합니다.

하나의 값을 가진 튜플을 만들 때는 반드시 쉼표를 붙여서 값이 하나만 있다는 것을 표시해야 합니다. 이 경우 소괄호가 없어도 튜플이라는 것을 알 수 있습니다.

```
(1)
```
```
1
```

```
t1 = 1,
```

```
t1
```
```
(1,)
```

리터럴 표기법으로 튜플 객체를 만들 때는 괄호 없이 쉼표를 붙여서 변수 t에 할당합니다. 쉼표가 있어야 튜플 객체를 만들 수 있습니다.

```
t =   1,2,3
```

```
t
```
```
(1,  2,  3)
```

문자열을 튜플로 만들 수 있습니다.
튜플 클래스에 인자로 문자열 객체를 넣고 변수 ts에 할당합니다. 리스트 클래스에서 문자열 객체를 받아서 리스트 객체 만드는 것처럼 문자열 객체의 문자 하나하나가 튜플의 값으로 저장됩니다.

```
ts = tuple("튜플입니다 .")
```

```
ts
```
```
('튜', '플', '입', '니', '다', '.')
```

튜플 클래스를 이용해서 튜플 객체를 만들 때 기존에 만들어진 튜플의 객체를 인자로 전달해서 실행하면 같은 객체를 가리키게 됩니다. 튜플은 한번 만들어지면 바꿀 수 없기 때문이죠.

변수가 같은 객체를 가리키는지 알아보기 위해 키워드 is를 사용합니다. 같은 객체를 가리키면 True(참) 아니면 False(거짓)가 됩니다. 이것을 레퍼런스가 같다고 표현합니다. 레퍼런스는 메모리의 주솟값입니다.

```
tt = tuple(t)
```

```
tt is t
```
```
True
```

반면, 리스트 클래스를 이용해서 리스트 객체를 인자로 받으면 새로운 객체를 만듭니다. 새 객체를 하나 더 만드는 것이죠. 리스트 객체에 들어있는 값(원소)을 바꿀 수 있으므로 리스트 객체에 들어있는 값(원소)을 바꿀 때 다른 리스트 객체에 영향을 주지 않기 위해서 새로운 객체를 만드는 겁니다.

리스트 객체를 만들면 객체가 유일해야 하므로 유일한 정보인 레퍼런스(주소)도 같이 만듭니다. 객체를 하나 만들면 다른 객체가 구별되는 기준이 레퍼런스이므로 동일한 객체 여부를 키워드 **is**를 사용해서 확인합니다.

리터럴로 만든 리스트와 `list` 클래스로 만든 리스트가 동일한 값이지만 레퍼런스가 다르므로 다른 객체라는 것을 알 수 있습니다.

```
l = [1,2,3,4]
```

```
ll = list(l)
```

```
ll is l
```
```
False
```

튜플 객체도 리스트 객체처럼 덧셈과 곱셈을 할 수 있습니다.

```
(1,2) *3
```
```
(1, 2, 1, 2, 1, 2)
```

```
(1,2) + (3,4)
```
```
(1, 2, 3, 4)
```

7 리스트와 튜플 메소드 알아보기

튜플은 들어있는 값(원소)을 바꿀 수 없으므로 두 개의 메소드만 제공하지만, 리스트는 다양한 메소드를 제공합니다.

먼저 두 클래스에 같이 있는 메소드를 알아봅시다.

● 리스트와 튜플 메소드 사용하기

파이썬 3버전에서는 한글로 변수이름을 만들 수 있습니다. 한글로 두 개의 변수를 만들어 리스트와 튜플 객체로 저장합니다.

```
튜플 = 1,2,3,4
```

```
리스트 = [1,2,3,4]
```

튜플과 리스트 객체에서 같이 사용할 수 있는 메소드는 count와 index입니다. count 메소드는 어떤 값이 몇 개 들어있는지 확인하는 메소드이고, index 메소드는 어떤 값의 위치를 확인하는 메소드입니다. 이 두 메소드를 리스트와 튜플 객체에서 사용하면 같은 결과를 보여줍니다.

```
튜플 .count(4), 리스트 .count(4)
```

```
(1, 1)
```

```
튜플 .index(4), 리스트 .index(4)
```

```
(3, 3)
```

리스트 객체에 문자열이나 튜플 객체를 넣으려면 append 메소드를 사용합니다. 그러면 맨 마지막에 추가됩니다.

```
리스트 .append('5')
```

```
리스트
```

```
[1, 2, 3, 4, '5']
```

```
리스트 .append(튜플 )
```

```
리스트
```

```
[1, 2, 3, 4, '5', (1, 2, 3, 4)]
```

리스트 객체에 튜플의 원소를 한꺼번에 저장할 수도 있습니다. 이 경우 extend 메소드를 사용하면 됩니다. 인자로 튜플 객체를 넣으면 리스트 객체의 원소로 들어갑니다.

```
리스트 .extend(튜플 )
```

```
리스트
```

```
[1, 2, 3, 4, '5', (1, 2, 3, 4), 1, 2, 3, 4]
```

리스트 객체의 원소를 없애는 메소드는 **remove**와 **pop**이 있습니다. 특정한 값만 지울 때는 **remove** 메소드를 사용하고, 위치를 기준으로 지울 때는 **pop** 메소드를 사용합니다.

인덱스 값을 주면 않으면 **pop** 메소드는 제일 마지막에 있는 원소를 삭제합니다. 인덱스 값을 주면 그 인덱스의 원소를 삭제합니다.

```
리스트 . remove ( 4 )
```

```
리스트
```
```
['위치', 1, 2, 3, '5', (1, 2, 3, 4), 1, 2, 3, 4]
```

```
리스트 . pop ( )
```
```
4
```

```
리스트 . pop ( 0 )
```
```
'위치'
```

```
리스트
```
```
[1, 2, 3, '5', (1, 2, 3, 4), 1, 2, 3]
```

 Column 원소 정렬하기

원소를 정렬하는 경우 리스트 클래스처럼 메소드를 지원하는 내장 클래스도 있습니다. 보통 객체의 매소드로 정렬을 수행하면 객체 내부 원소들의 위치를 변경합니다.

내장함수에 있는 정렬 함수를 이용하면 기존 객체는 그대로 두고 새로운 복사본을 만듭니다. 새로운 객체를 하나 더 만드는 거죠.

● **정렬 알아보기**

객체의 원소들을 섞는 함수를 사용하기 위해 **random** 모듈을 import합니다. 이 모듈에 있는 함수 **shuffle**을 이용하면 리스트 객체의 원소를 섞을 수 있습니다. **as rd**는 random이라는 이름 대신 **rd**를 사용하겠다는 뜻입니다.

```
import random as rd
```

```
l = [1,2,3,4,5,6]
```

```
rd.shuffle(l)
```

```
l
```
[2, 5, 4, 6, 1, 3]

리스트 객체에 있는 **sort** 메소드를 실행하면 새로운 객체를 만들지 않고 내부의 원소를 정렬해서 값을 바꿉니다. l변수를 실행하면 원소가 순서별로 정렬된 것을 볼 수 있습니다.

```
l.sort()
```

```
l
```
[1, 2, 3, 4, 5, 6]

내장함수 **sorted**를 써서 정렬하면 새로운 객체가 만들어집니다. 두 객체의 레퍼런스(메모리 주솟값)를 비교해보면, 다른 객체라는 것을 알 수 있습니다.

```
rd.shuffle(l)
```

```
l
```
[1, 2, 3, 4, 5, 6]

```
ls = sorted(l)
```

```
ls is l
```
False

```
ls
```
[1, 2, 3, 4, 5, 6]

```
id(l), id(ls)
```
(140715287819088, 2288574439880)

순방향 정렬을 알아봤습니다. 역방향을 정렬하는 함수와 메소드도 있습니다.

내장 클래스인 **reversed**는 새로운 객체를 반환합니다. 이 객체를 리스트에 넣고 별표를 붙이면 모든 원소가 분리되어 처리됩니다.

리스트에 있는 **reverse** 메소드를 실행하면 내부 원소들이 역방향으로 정렬됩니다.

```
lr = reversed(ls)
```

```
[*lr]
```
```
[6, 5, 4, 3, 2, 1]
```

```
lr is ls
```
```
 False
```

문자열도 내장함수 **sorted**를 써서 정렬할 수 있습니다. 다만 정렬된 것은 문자열 객체가 아닌 리스트 객체인 것을 알 수 있습니다.

```
ls.reverse()
```

```
ls
```
```
[4, 3, 2, 1]
```

리스트 객체의 원소를 합쳐 문자열이 만들려면 **join** 메소드를 이용하면 됩니다. **""**.join(s)는 리스트 객체의 원소를 빈칸 없이 합쳐서 문자열을 만들라는 뜻입니다.

```
s = sorted("문자열 ")
```

```
s
```
```
['문', '열', '자']
```

```
ss = "".join(s)
```

```
ss
```
```
'문열자 '
```

튜플 객체도 정렬하면 리스트로 만들어집니다.

```
t = sorted((1,5,3,4))
```

```
t
```
```
[1, 3, 4, 5]
```

Mapping/Set 자료형

헬스클럽 회원이라면 "이름" = "홍길동", "나이" = 30, "생일" = "몇 월 며칠" 등으로 구분할 수 있습니다. 이것을 연관 배열(Associative array) 또는 해시(Hash)라고 합니다.

키와 값을 쌍으로 데이터를 관리하는 매핑(Mapping) 자료형과 키로만 관리하는 집합(set) 자료형에 대해서 알아보겠습니다.

매핑 자료형과 집합 자료형은 여러 개의 원소를 관리하고 처리할 수 있는 collection 형태의 자료형입니다. 키로 검색해서 읽기 위해서 유일성을 유지해야 하므로, 키를 생성할 때 해시(hash) 알고리즘을 통해 유일한 값을 가질 수 있도록 합니다.

파이썬 클래스에서 매핑 자료형은 딕셔너리, 집합형은 set, frozenset을 제공하며 이 중에 frozenset은 원소를 바꿀 수 없고, set은 원소를 바꿀 수 있습니다.

1 딕셔너리 알아보기

딕셔너리는 키(Key)와 값(Value)을 한 쌍으로 갖는 자료형입니다. apple은 '사과'라는 뜻입니다. apple이 키(Key)라면 '사과'는 값(Value)이라고 할 수 있습니다.

딕셔너리는 리스트처럼 인덱스를 써서 들어있는 값을 찾는 것이 아니라 키를 써서 찾습니다. 사전에서 한글 자음이나 알파벳 순서를 보고 단어를 찾듯이, 키를 찾아 짝을 이루는 값을 확인하는 것입니다.

딕셔너리는 중괄호({ }) 안에 키와 값을 넣어 정보를 저장합니다. 키를 만들 때는 주민등록번호와 같이 유일한 값을 사용해야 합니다. 따라서 키에는 값이 바뀌는 객체는 쓸 수 없습니다. 키는 유일성을 유지하는 자료형만 사용할 수 있지만, 값으로는 모든 자료형을 사용할 수 있습니다.

리터럴 표기법으로 딕셔너리 객체를 만듭니다. 빈 딕셔너리를 만들 것이므로 중괄호만 써서 표시합니다.

```
d = {}
```

```
d
```

{}

문자열로 키를 만들고 값은 정수를 넣어서 딕셔너리를 만듭니다. 그리고 변수 d1에 할당합니다. 변수 d1를 확인하면 딕셔너리 객체를 가리키는 것을 알 수 있습니다.

딕셔너리도 검색연산자를 이용해서 값을 가져올 수 있습니다. 이때 딕셔너리에 있는 키를 이용해서 값을 찾아야 합니다.

```
d1 = {'키1':1, "키2":2}
```

```
d1
```
```
{'키1': 1, '키2': 2}
```

```
d1['키1']
```
```
1
```

리터럴 표기법으로 튜플 객체를 가지는 리스트를 만들어 변수에 할당합니다. 이 튜플 객체는 2개의 원소를 갖고 있습니다. 값을 찾으려면 두 개의 검색연산자를 사용해야 합니다.

```
l = [('키1',1),('키2',2)]
```

```
l[0][1]
```
```
1
```

이와 같은 구조는 딕셔너리를 이용해서 키와 값으로 저장하는 것이 더 편합니다.

이런 구조의 리스트가 있다면 딕셔너리 클래스의 인자로 전달해서 딕셔너리 객체를 만든 후에 처리하는 것이 더 편합니다.

```
d2 = dict(l)
```

```
d2['키1']
```
```
1
```

2 딕셔너리 메소드 알아보기

Python

이번에는 파이썬 내장 클래스인 딕셔너리로 객체를 만든 후에 이 객체가 지원하는 메소드들을 알아봅니다.

먼저 튜플을 원소로 가진 리스트를 만듭니다. 이를 dict 클래스의 인자로 전달해서 딕셔너리 객체를 만듭니다.

그리고 만들어진 객체를 조회하면 키와 값으로 구성된 것을 확인할 수 있습니다.

```
l = [('키1',1),('키2',2)]
```

```
d3 = dict(l)
```

```
d3
```
{'키1': 1, '키2': 2}

딕셔너리 객체가 만들어지면 내부의 값을 조회하는 유일한 키가 만들어집니다. 어떤 키가 있는 지는 in 키워드로 확인할 수 있습니다.

없는 키인 '키3' 문자열을 가지고 딕셔너리 객체에 있는 지를 확인하면 False를 표시합니다.

```
'키3' in d3
```
False

앞에서 키가 있는 지를 확인한 이유는 딕셔너리도 검색연산자를 통해 내부의값을 가져올 수 있기 때문입니다. 이 연산자를 마구 사용하기 전에 이 연산자의 이슈를 하나 알아봅시다. 바로 해당 키가 없을 때 에러를 발생시킨다는 것입니다. 아래의 예제처럼 검색연산자에 없는 키를 넣어서 조회하면 KeyError가 발생합니다.

```
d3['키3']
```

```
---------------------------------------------------
KeyError         Traceback (most recent call last)
<ipython-input-52-b6eca7da1065> in <module>
----> 1 d3['키3']

KeyError: '키3'
```

딕셔너리의 내부의 값을 조회해서 사용할 때 에러없이 처리할 수 있도록 두 개의 메소드 get이나 setdefault를 제공합니다.

단순히 값을 검색할 때는 메소드 get에 키값과 검색할 때 해당 키가 없을 때 반환값을 넣어서 처리합니다. 이 메소드가 실행되면 에러가 발생하지 않고 인자로 전달된 값이 반환되는 것을 알 수 있습니다.

```
d3.get('키3',"결과가 없음")
```

'결과가 없음'

```
d3
```

{'키1': 1, '키2': 2}

혹시 키가 없을 경우에는 전달된 값을 갱신할 수도 있습니다. 이때는 **setdefault** 메소드를 사용합니다. 앞에서 처리한 **get** 메소드와 동일한 인자가 전달되지만 처리하는 방식이 조금 다릅니다.

이 메소드 처리 방식은 찾으려는 키가 없으면 딕셔너리 객체에 '키 : 디폴트값'을 값을 넣어서 새로운 키가 들어갑니다. 검색한 키가 있으면 조회한 결과를 그대로 반환만 합니다.

```
d3.setdefault('키3',2)
```

2

```
d3
```

{'키1': 1, '키2': 2, '키3': 2}

```
d3.setdefault('키3',3)
```

2

딕셔너리 객체에 키가 없는 원소를 넣을 때는 **update** 메소드를 이용해서 추가할 수 있습니다. 삭제할 때는 **pop** 메소드를 사용합니다.

```
d3.update({'키4':3})
```

```
d3
```

{'키1': 1, '키2': 2, '키3': 2, '키4': 3}

```
d3.pop('키4')
```

3

```
d3
```

{'키1': 1, '키2': 2, '키3': 2}

3 딕셔너리의 원소들을 분리해서 처리하기

딕셔너리 객체의 원소를 하나씩만 조회하는 것 외에도 내부에 있는 키들만 조회하는 것 또는 값들만 조회하는 것도 가능합니다. 또한 키와 값을 쌍으로 구성되도록 조회하는 것도 가능합니다.

딕셔너리 객체를 하나 다시 dict 클래스를 사용하여 객체를 생성합니다.

```
dd = dict([('a',1),('b',2),('c',3)])
```

```
dd
```
```
{'a': 1, 'b': 2, 'c': 3}
```

딕셔너리 내부에 있는 키만 조회하는 keys 메소드를 사용합니다. 이 메소드 실행되면 dict_kyes라는 객체가 만들어진 것을 볼 수 있습니다.

이 객체를 리스트로 바로 변환해서 사용하려면 리스트 내부에서 메소드를 실행하고 앞에 별표를 붙이면 내부의 원소만 추출되는 것을 볼 수 있습니다.

[*딕셔너리 객체.keys()]
[*딕셔너리 객체]

```
dd.keys()
```
```
dict_keys(['a', 'b', 'c'])
```

```
[*dd.keys()]
```
```
['a', 'b', 'c']
```

```
[*dd]
```
```
['a', 'b', 'c']
```

딕셔너리 객체에서 값만 가져오려면 values 메소드 사용합니다. 이것을 리스트의 리터럴 표기법에 넣고 별표를 붙이면 값이 모두 리스트 객체에 들어갑니다.

```
dd.values()
```
```
dict_values([1, 2, 3])
```

```
[*dd.values()]
```
```
[1, 2, 3]
```

items 메소드를 사용하면 딕셔너리 객체의 키와 값을 가져옵니다. 이것을 리스트 내에 넣어서 별표를 붙이면 키와 값이 튜플로 묶여 리스트 객체에 들어갑니다.

```
dd.items()
dict_items([('a', 1), ('b', 2), ('c', 3)])
```

```
[*dd.items()]
[('a', 1), ('b', 2), ('c', 3)]
```

4 집합 알아보기

수학의 집합을 파이썬에서는 어떻게 처리하는 지를 알아봅시다.

빈 집합(공집합)을 만들기 위해 set 클래스로 객체를 만듭니다. 이렇게 만든 객체를 변수 s에 할당합니다. 's'라고 변수이름을 입력하면 set()으로 공집합을 표시합니다. Set()는 수학의 공집합 표시(∅)와 차이가 있습니다. 왜냐하면 딕셔너리에서 원소가 없는 것을 { }로 사용하기 때문입니다.

리터럴 표기법으로 집합 객체를 만들 때 중복된 원소를 넣을 수도 있습니다. 객체가 만들어지면 중복된 원소가 다 사라집니다. 이 때 집합의 원소는 중복을 허용하지 않아서 중복되지 않은 유일한 값만 갖습니다.

● 집합 연산해보기

집합에서도 다른 내장 클래스처럼 리터럴 표기법을 제공합니다. 여기에서는 중괄호를 사용하지만 키만 표시합니다.

두 개의 집합을 만들고 변수 s1, s2에 할당합니다.

```
s1 = {1,2,3,4}
```

```
s2 = { 7, 8}
```

교집합은 두 집합에 동시에 들어있는 원소를 구합니다. 연산자 & 또는 intersection 메소드를 사용하면 됩니다. 위에서 만든 두 집합에는 공통된 원소가 없습니다. 교집합은 공집합(set())이 되겠죠?

```
s1 & s2
```
```
set()
```

```
s1.intersection(s2)
```
```
set()
```

두 집합의 합집합은 연산자 | 또는 union 메소드를 사용해서 구할 수 있습니다. 두 개의 집합에 있는 모든 원소를 합쳐서 집합을 만드는데 공통된 원소가 있으면 하나만 사용합니다. 집합은 유일한 값만 갖는다는 것을 기억하세요.

```
s1 | s2
```
```
{1, 2, 3, 4, 7, 8}
```

```
s1.union(s2)
```
```
{1, 2, 3, 4, 7, 8}
```

차집합은 연산자 – 또는 difference 메소드를 사용합니다. 첫 번째 집합에서 두 집합의 공통 원소(교집합)를 뺍니다. 공통된 원소가 없어서 첫 번째 집합의 원소가 전부 표시됩니다.

```
s1 - s2
```
```
{1, 2, 3, 4}
```

```
s1.difference(s2)
```
```
{1, 2, 3, 4}
```

대칭차집합은 연산자 ^ 또는 symmetric_difference 메소드를 사용해서 구합니다. 두 집합에 합집합에서 교집합을 빼면 됩니다. 대칭차집합은 합집합과 교집합의 차집합입니다. 교집합이 공집합이므로, 합집합과 같게 됩니다.

```
s1 ^ s2
```
```
{1, 2, 3, 4, 7, 8}
```

```
s1.symmetric_difference(s2)
```
```
{1, 2, 3, 4, 7, 8}
```

● 집합에서 포함관계 등을 알아보기

집합에 특정한 원소가 있는지 알아볼 때는 키워드 in을 사용합니다. 리터럴 표기법으로 새로운 집합을 만들어서 변수 s3에 할당합니다.

1이라는 원소가 s3 집합에 들어있는지 확인해볼까요? '원소 in 집합'으로 문장을 쓰면 됩니다. 원소가 들어있으면 참(True), 없으면 거짓(False)이 됩니다.

```
s3 = {1,2,3,4,5}
```

```
1 in s3
```
    True

이제 집합 객체 간의 포함관계를 확인해봅시다.

연산자는 부등호를 쓰고 issubset 또는 issuperset 메소드를 사용하면 됩니다. A 집합이 B 집합에 포함되면 A는 B의 부분집합이라고 합니다. A의 모든 원소가 B에 들어있는 것이죠.

s4라는 집합 객체를 하나 더 만듭니다. {3, 4, 5}는 {1, 2, 3, 4, 5}에 포함됩니다. 이것을 s4 < s3으로 표현합니다. 또는 s4.issubset(s3)라고 해도 됩니다. s4가 s3에 포함된 집합(subset)인지 묻는 것이죠.

```
s4 = { 3,4,5}
```

```
s4 < s3
```
    True

```
s4.issubset(s3)
```
    True

s4 집합은 s3 집합에 포함됩니다. s4.issuperset(s3)는 s4 집합이 s3 집합을 포함하는지 묻습니다. s4 집합은 s3를 포함하지 않습니다. 거짓이 되겠죠?

```
s4 >= s3
```
    False

```
s4.issuperset(s3)
```
    False

하지만 위에 있는 것을 반대로 표현하면 참이 됩니다.

```
s4 <= s3
```

True

```
s3.issuperset(s4)
```

True

어떤 집합은 자신을 포함합니다. 자기 자신도 부분집합인 것이죠.

```
s3.issuperset(s3)
```

True

 Column 이름공간 만들기

파이썬에서 변수를 정의하면 그 변수에 따라 우리는 서로 다른 정보를 할당할 수 있었습니다. 이렇게 서로 다른 정보를 구분할 수 있게 할당된 것을 식별자라고 합니다. 우리는 프로그램을 작성할 때 변수에 저장된 객체를 확인해서 해야할 일을 처리합니다. 따라서 어떤 변수에 객체를 저장했는지 알면서, 즉 식별자를 파악하면서 프로그램을 작성하는 것은 아주 중요합니다.

모듈, 클래스, 객체, 함수 등을 이름공간(네임스페이스, namespace)이라고 합니다. 파이썬에서는 이러한 이름공간이 자동으로 만들어집니다. 그리고 파이썬에서 딕셔너리 객체는 이름공간을 구조화하는 역할을 합니다.

우선 모듈 **types**를 사용하기 위해 **import** 키워드를 쓴 다음에 모듈명을 쓰고 단축키 Shift+ Enter를 누릅니다. 이 코드가 실행되면 **types**라는 모듈에 있는 함수나 클래스를 사용할 수 있습니다.

```
import types
```

이 모듈에 있는 **SimpleNamespace** 클래스를 이용해서 하나의 객체를 만듭니다. 모듈에 있는 클래스를 사용하기 위해서 아래와 같이 코드를 작성하면 됩니다.

```
s__dict__ = types.SimpleNamespace()
```

이 변수를 실행하면 **namespace()**라는 결과가 나옵니다. 아무런 값이 할당되지 않았다는 것을 알 수 있습니다.

```
s__dict__
```

namespace()

하나의 변수를 할당하려면 객체에 점을 찍고 변수이름을 쓰고 값을 넣으면 됩니다. 변수 **a**는 3000, **b**는 5000 값을 할당합니다. 결과 표시가 **a=3000, b=5000** 이런 형태로 나옵니다.

```
s__dict__.a = 3000
```

```
s__dict__.b = 5000
```

```
s__dict__
```
```
namespace(a=3000, b=5000)
```

저장된 변수를 조회할 때는 **s__dict__.a, s__dict__b**를 빈 셀에 입력해서 실행하면 됩니다.

```
s__dict__.a, s__dict__.b
```
```
(3000, 5000)
```

파이썬 한 걸음 더

앞에서 파이썬 안에 있는 클래스, 파이썬 내장 클래스인 문자열, 리스트, 튜플에 관해 배웠습니다. 이 클래스들을 가지고 만들어진 객체들은 원소들이 순서를 가지고 저장됩니다. 이 순서에 대한 정보를 인덱스(index)라고 부릅니다. 객체를 만들 때 원소의 값을 정렬해서 넣지 않는 경우가 많습니다.

이번 시간에는 원소를 정렬하는 방법을 배워보겠습니다. 객체를 복사해서 복사본을 만들 때 하나의 변경 가능한 객체 안에 또 다른 변경 가능한 객체가 있을 경우, 어느 범위까지 복사본을 만들지 정할 수 있습니다.

모든 것을 다 복사하는 깊은 복사에 대해서도 알아봅니다. 또한, 생성자를 이용해서 객체를 만들 때 변경 가능한 경우는 다른 객체로 생성하지만, 변경 불가능한 경우는 기존 객체를 그대로 전달합니다. 이 장에서는 정렬과 기존 객체를 재전달할 것인지 아니면 사본을 만들어 처리할지를 알아봅니다.

여러 원소로 구성된 문자열, 리스트, 튜플처럼 인덱스 값을 숫자로 검색할 수 있습니다. 키와 값으로 구성된 딕셔너리는 키 정보를 사용해서 검색할 수 있습니다. 인덱스 검색연산자는 대괄호를 사용합니다. 정숫값이 들어오면 대부분 배열처럼 구성된 객체(리스트, 튜플)이고 키로 들어오면 딕셔너리라는 것을 알 수 있습니다.

1 변수끼리 값 바꾸기

Python

다른 프로그래밍 언어는 대부분 같은 자료형으로 정의된 변수끼리만 값을 바꿀 수 있지만, 파이썬은 변수에 특별한 자료형을 요구하지 않으므로 어떤 클래스의 객체라도 바꿀 수 있습니다.

변수의 값을 바꾸는 것을 스와핑(swapping)이라고 합니다. 파이썬은 직접 변수를 바꿔서 할당하면 변수의 값을 바꿀 수 있습니다. 변수에 저장되는 것은 객체의 레퍼런스(메모리에 저장되는 주솟값)이므로 어떤 객체나 다 할당할 수 있습니다. 어떤 의미인지 자세히 알아보겠습니다.

먼저 변수를 하나 더 만들어서 값을 바꾸는 방법부터 알아봅시다. 변수를 2개 만들고 300과 500 값을 저장합니다.

```
x = 300
```

```
y = 500
```

다른 프로그래밍 언어처럼 temp 변수를 만들고 x 변수의 값을 할당했습니다. 그러면 변수 temp에 x 값이 들어갑니다. 그리고 변수 x에 변수 y 값을 할당합니다. 이제 변수 y가 변수 x의 값을 가지게 되었습니다. 마지막으로 변수 y에 변수 temp 값을 할당합니다.

```
temp = x
```

```
x = y
```

```
y = temp
```

```
x, y
```
(500, 300)

앞에서 같은 정숫값이 들어있는 변수의 값이 바꿨습니다.

파이썬은 변수를 같은 클래스의 객체로만 바꿀 수 있는 것이 아닙니다. 두 개의 변수를 만들어 하나는 정수를, 다른 하나는 문자열을 할당합니다.

```
a = 100
```

```
b = "문자열 "
```

파이썬에서 변수의 값을 바꾸는 원리는 간단합니다. 두 변수 사이에 쉼표를 쓰고 등호(=, 할당 연산자)를 사용합니다. 그리고 변수의 위치를 서로 바꿔주면 됩니다.

파이썬에서 변수 사이의 쉼표를 쓰면 튜플이라는 뜻입니다. 양쪽에 튜플 객체의 원소가 다르므로 값을 할당할 수 있습니다. 그러면 변수의 값이 서로 바뀌겠죠?

```
a,b = b,a
```

```
a, b
```
('문자열 ', 100)

변수 c를 만들고 변수 a와 b 사이에 쉼표를 사용하면 튜플 객체로 저장되는 것을 알 수 있습니다.

```
c = a,b
```

```
c
```
('문자열 ', 100)

변수를 하나만 쓰고 쉼표를 붙이면 안 됩니다. 튜플 원소는 서로 짝이 맞아야 변수에 값이 각각 할당됩니다.

```
a, = b,a

-------------------------------------------------
ValueError      Traceback (most recent call last)
<ipython-input-24-54ff2f8bba44> in <module>
----> 1 a, = b,a

ValueError: too many values to unpack (expected 1)
```

왼쪽 변수 앞에 별표를 붙이면 예외가 발생하지 않고 처리됩니다. 변수 앞에 별표를 하나를 붙이면 짝이 맞지 않아도 이를 리스트로 묶어서 처리한다는 뜻입니다.

```
*a, = b,a
```

```
a
```

```
[100, '문자열']
```

```
a = 100
```

```
b = "문자열"
```

```
*a, = b,a
```

```
a
```

```
['문자열', 100]
```

2 여러 값을 변수에 할당하기

Python

이번에는 변수의 개수가 다를 경우 예외 없이 어떻게 처리되는지를 알아보겠습니다. 특히 리스트와 같이 다양한 원소를 갖는 객체에 변수를 할당할 때 처리하는 방식입니다.

이때 사용하는 기호는 별표(*)입니다. 리스트 등이 원소의 개수보다 변수의 개수가 작을 때, 변수 앞에 별표(*)를 붙이면 할당되고 남은 것을 모두 받아서 처리합니다.

일반 변수일 때 처리하는 방식을 잘 이해해야 함수를 배울 때 가변 매개변수 처리도 쉽게 알 수 있습니다.

할당문을 4개 연속 사용해서 정수 5를 할당합니다. 할당문이라 한 번만 처리되어야 하지만 실제 할당 연산문이 실행된 후에 변수를 호출하면 아래와 같이 됩니다.

```
a = b = c = d = 5
```

```
a, b, c,d
```
```
(5, 5, 5, 5)
```

할당문의 연속은 실제 할당문을 실행한 후에 변수를 가지고 다른 변수에 할당하는 방식으로 처리하는 것과 같습니다.

```
d =5
```

```
c = d
```

```
b = c
```

```
a = b
```

파이썬은 변수를 쉼표로 구분한 후에 정수 하나를 할당하면 예외가 발생합니다. 변수들이 튜플이므로 할당기호 오른쪽에도 변수의 개수와 맞게 3개의 원소를 표시해야 합니다.

```
e,f,g = 5

---------------------------------------------------
TypeError        Traceback (most recent call last)
<ipython-input-18-ab8b7d0628f2> in <module>
----> 1 e,f,g = 5

TypeError: cannot unpack non-iterable int object
```

변수 하나를 지정하고 할당기호 오른쪽에 쉼표로 구분해서 처리하면 튜플 객체 하나가 변수 하나에 할당되어서 예외가 발생하지 않습니다. 일대일로 매핑되어 처리됩니다.

6

파이썬 한 걸음 더

6. 파이썬 한 걸음 더 ● 83

```
a = b,c,d
```

```
a
```
```
(5, 5, 5)
```

아래 리스트 객체는 원소가 5개입니다. 변수는 3개만 지정했습니다. 이때는 일대일 매핑이 되지 않아 예외를 발생시킵니다.

```
a, b, c = [1,2,3,4,5]
```
```
----------------------------------------------

ValueError       Traceback (most recent call last)
<ipython-input-21-973a1a3d8e74> in <module>
----> 1 a, b, c = [1,2,3,4,5]

ValueError: too many values to unpack (expected 3)
```

이와 같은 예외를 없애려면 같은 원소를 만들거나 특정 변수 앞에 별표를 붙여 매핑되도록 만들어야 합니다.

두 번째 변수 b에 별표를 붙이면 일대일 매핑되는 것을 제외하면 나머지는 다 b에 할당되도록 하는 것입니다. 즉 변수 b에 별표를 붙였다는 것은 변수 b의 얼마든지 변할 수 있는 원소의 개수들을 모두 받아서 처리하라는 뜻입니다.

```
a, *b, c = [1,2,3,4,5]
```
```
a, b, c
```
```
(1, [2, 3, 4], 5)
```

이렇게 처리되는 이유는 변수 여러 개를 왼쪽에 지정하고 할당기호 다음에 원소 여러 개를 가진 객체가 오면 오른쪽 객체의 원소를 언팩(unpack)하라는 뜻입니다. 이는 객체를 원소별로 분리해서 변수에 할당하라는 뜻입니다.

문자열도 처리가 되는지 알아보면 문자열 내의 각 원소가 분리되어 처리되는 것을 볼 수 있습니다.

```
a, *b, c = "문자열도 분리"
```
```
a, b, c
```
```
('문', ['자', '열', '도', ' ', '분'], '리')
```

문자열 객체를 변수에 언팩 처리하는 것은 문자열 객체를 리스트 객체로 만들어 처리하는 것과 같은
결과가 나옵니다.

```
a, *b, c = list("문자열도  분리")
```

```
a, b, c
```

```
('문', ['자', '열', '도', ' ', '분'], '리')
```

딕셔너리로 처리하면 어떻게 될까요? 딕셔너리는 키와 값을 가지고 있어 언팩을 하면 키만 처리됩니
다. 키대신 값만을 분리하는 방법은 현재까지는 없습니다.

```
a, *b, c = {'a':1,'b':2,'c':3,'d':4}
```

```
a, b, c
```

```
('a', ['b', 'c'], 'd')
```

실제 변수에 별표 두 개를 붙이면 문장이 문법에 맞지 않는다는 예외를 발생합니다. 아직 변수에 딕
셔너리 객체를 언팩하는 방식은 제공하지 않습니다.

```
a, **b, c = {'a':1,'b':2,'c':3,'d':4}
  File "<ipython-input-24-bcdf661c7e18>", line 1
    a, **b, c = {'a':1,'b':2,'c':3,'d':4}
         ^
SyntaxError: invalid syntax
```

**b 변수에 할당해서 처리하는 언팩(**)은 문법적으로는 오류입니다. 하지만 실행연산자가 작동되
는 곳, 즉 ()안 에서는 딕셔너리 객체도 언팩 처리가 가능합니다. () 안에서 언팩 처리를 하면 키와
값으로 구성된 키워드 인자가 되어 매개변수와 인자가 할당되는 구조가 되므로 문법적으로 말이 됩
니다.

딕셔너리 클래스에 딕셔너리 객체를 인자로 넣고 인자에 별표 두 개를 붙여 딕셔너리의 객체의 키와
값을 키워드 인자로 전환해야 새로운 딕셔너리 객체가 만들어집니다.

```
d = dict(**{'a':1,'b':2,'c':3,'d':4})
```

```
d
```

```
{'a': 1, 'b': 2, 'c': 3, 'd': 4}
```

3 인덱스 검색 알아보기

인덱스는 객체 내부의 원소의 위치를 의미합니다. 다시 말해 인덱스 검색을 한다는 것은 내부의 위치 정보로 값을 검색한다는 뜻입니다.

이번에는 인덱스 검색연산자로 원소를 넣거나 지우는 방법을 알아보고 인덱스 검색할 때, 범위가 벗어나는 경우 오류가 발생하지 않는 방법을 찾아봅시다.

● 인덱스 검색 연산 처리

리스트 객체를 리터럴 표기법으로 만들고 변수 l에 할당했습니다.

```
In [1]: l = [1,2,3,4]
```

리스트 객체의 원소가 4개이므로 인덱스 정보는 0부터 시작하므로 마지막 위치가 3입니다.

이 리스트 객체에 인덱스 정보로 5를 넣고 조회하면 인덱스 범위를 벗어나 예외가 발생합니다. 인덱스 검색은 리스트 객체가 만들어졌을 때 인덱스 범위까지만 가능합니다.

```
In [2]: l[5]
-----------------------------------------------
IndexError      Traceback (most recent call last)
<ipython-input-2-ac77afa80101> in <module>
----> 1 l[5]

IndexError: list index out of range
```

검색할 수 있는 최대 범위는 리스트 객체의 전체 길이에서 −1를 빼면 구할 수 있습니다. 인덱스 정보에 음수값을 넣어서 검색할 수도 있습니다. 인덱스 정보가 −1이면 제일 마지막에 있는 원소를 찾을 수 있습니다.

```
In [3]: l[len(l)-1]
Out[3]: 4

In [4]: l[-1]
Out[4]: 4
```

인덱스 정보의 범위가 리스트 객체의 범위 안에 있으면 할당 연산자가 실행됩니다. 이때는 원소가 추가되는 것이 아니라 기존 원소를 갱신하는 겁니다.

```
l[2] = 999
```

```
l
```
[1, 2, 999, 4]

이번에는 검색연산자를 통해 리스트 객체에 새로운 원소를 넣어보겠습니다. 인덱스 범위를 벗어나는 값을 입력하면 예외가 발생하는 것을 알 수 있습니다.

```
l[5] = 100
```

```
IndexError       Traceback (most recent call last)
<ipython-input-5-ba2713f83c6f> in <module>
----> 1 l[5] = 100

IndexError: list assignment index out of range
```

새로운 원소를 넣으려면 append나 insert 메소드를 사용합니다. append 메소드 인자에 원소값을 넣고 실행하면 맨 마지막에 원소가 하나 추가됩니다.

```
l.append(5)
```

```
l
```
[1, 2, 999, 4, 5]

insert 메소드를 사용하면 원하는 곳에 원소를 넣을 수 있습니다.

insert(인덱스, 원소)

```
i = [1, 2, 999, 4, 5]
```

```
i.insert(3, 888)
```

```
i
```
[1, 2, 999, 888, 4, 5]

리스트 객체의 원소를 지우려면 키워드 **del**을 사용하면 됩니다. 인덱스 범위가 벗어나면 삭제할 때도 예외가 발생합니다.

```
del l[5]

---------------------------------------------
IndexError      Traceback (most recent call last)
<ipython-input-10-5ccdf94f3c44> in <module>
----> 1 del l[5]

IndexError: list assignment index out of range
```

4 슬라이스 검색 알아보기

인덱스 정보가 있을 때 원소를 여러 개 검색해서 처리하는 것을 슬라이스(slice)라 부릅니다. 이 슬라이스 검색은 인덱스가 정해진 범위까지 원소를 찾습니다.

슬라이스 검색도 인덱스 정보가 있는 문자열, 리스트, 튜플 등 원소 배열의 순서를 가지고 만들어지는 객체에서만 가능합니다. 딕셔너리는 원소 배열의 순서가 없으므로 슬라이스 검색을 할 수 없습니다.

슬라이스 클래스로 슬라이스 객체를 만들어 처리하는 방법을 알아볼까요?

먼저 7개의 원소를 가진 리스트 객체를 리터럴 표기법으로 만들고 **len** 함수를 통해 원소의 개수를 확인합니다.

```
ll = [1,2,3,4,5,6,7]
```

```
len(ll)
```
7

인덱스 검색을 알아보기 위해 모듈인 operator를 import 합니다. 이때 이 모듈의 이름을 다른 이름으로 변경했습니다. 별칭을 **as** 키워드 다음에 **op**로 명명했습니다. 별칭을 사용하는 이유는 모듈의 이름이 길기 때문입니다.

인덱스 검색에 해당하는 함수 getitem을 help 함수를 통해 사용방법을 확인합니다.

```
import operator as op
```

```
help(op.getitem)
```

```
Help on built-in function getitem in module _operator:

getitem(...)
    getitem(a, b) -- Same as a[b].
```

인덱스 검색을 통해 갱신하는 함수 setitem을 help 함수로 도움말을 확인합니다.

```
help(op.setitem)
```

```
Help on built-in function setitem in module _operator:

setitem(...)
    setitem(a, b, c) -- Same as a[b] = c.
```

delitem에 대한 도움말을 확인하기 위해 내장함수인 help를 실행해서 도움말을 확인합니다.

```
help(op.delitem)
```

```
Help on built-in function setitem in module _operator:

delitem(...)
    delitem(a, b) -- Same as del a[b].
```

위의 인덱스 검색, 갱신, 삭제 도움말을 확인해도 슬라이스 처리할 때 3개의 인자가 들어가지 않습니다. 실제 하나의 값만 들어가는 것을 확인할 수 있습니다.

이런 문제를 해결하기 위해 slice라는 클래스를 제공해서 하나의 값으로 만들어 줍니다. 단지 검색 연산자 표기를 할 때 내부에 콜론으로 구분해서 정수를 넣으면 자동으로 슬라이스 객체를 만들어 처리되는 것입니다.

하나의 슬라이스 객체를 만들 때 시작점을 None으로 표시하고 종료점에 10을 넣습니다.

```
s = slice(None,10)
```

변수에 할당된 리스트의 객체의 인덱스 범위는 7이지만 슬라이스를 전달하면 기존 범위가 작으면 전

체 값을 전부 반환해서 보여줍니다.

```
ss = ll[s]
```

```
ss
```
```
[1, 2, 3, 4, 5, 6, 7]
```

```
ll[:10]
```
```
[1, 2, 3, 4, 5, 6, 7]
```

슬라이스 처리하면 별도의 객체를 만들어 슬라이스 범위를 먼저 할당하고 그에 대한 리스트 객체의 값이 복사됩니다. 기존 리스트 객체와 슬라이스에서 만들어진 객체의 레퍼런스를 비교하면 False로 처리됩니다.

```
ll is ss
```
```
False
```

슬라이스로 만들어진 리스트 객체의 첫 번째 원소를 999로 갱신한 후에 두 리스트 객체의 첫 번째 인덱스를 조회하면 원본에 변화가 없다는 것을 알 수 있습니다. 슬라이스 검색하면 새로운 객체가 만들어진다는 것을 알 수 있습니다.

```
ss[0] = 999
```

```
ll[0], ss[0]
```
```
(1, 999)
```

5 문자열 포매팅(formatting)
Python

문자열에서 또 하나 알아야 할 것으로 문자열 포매팅(Formatting)이 있습니다. 포매팅이란 문자열을 원하는 방식으로 꾸미는 것을 말합니다.

파이썬 3버전부터는 문자열이 텍스트 기반인 유니코드로 처리됩니다. 따라서 문자열을 처리하는 포매팅도 다양한 국가의 언어를 지원하는 텍스트 기반으로 처리됩니다.

다음과 같은 문장을 출력한다고 합시다.

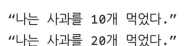

"나는 사과를 10개 먹었다."
"나는 사과를 20개 먹었다."

코드	설명
%s	문자열(string)
%c	문자 1개(character)
%d	정수(integer)
%f	부동 소수(floating-point)
%o	8진수
%x	16진수
%%	literal(문자 % 자체)

위의 두 문자열은 모두 같지만 10이라는 숫자와 20이라는 숫자만 다릅니다. 이렇게 문자열 내의 특정한 값을 바꿔야 할 때 이것을 가능하게 해주는 것이 바로 문자열 포매팅입니다.

이 방법을 사용하기 위해선 문자열 포맷 코드를 써야 합니다. 어떻게 사용하는지 구체적인 예제로 확인해봅시다.

● 숫자 바로 대입

문자열 안의 숫자를 넣고 싶은 자리에 %d를 씁니다. 삽입할 숫자인 10은 가장 뒤에 있는 % 문자 다음에 썼습니다. 여기서 %d를 문자열 포맷 코드라고 하며 정수를 삽입할 때 사용합니다.

```
"I eat %d apples." % 10
```
'I eat 10 apples.'

● 문자열 바로 대입

문자열에 문자열을 넣을 때는 넣을 자리에 %s를 씁니다. 삽입할 문자열 'ten'은 가장 뒤에 있는 % 문자 다음에 썼습니다. 여기서 %d도 문자열 포맷 코드로 문자를 삽입할 때 사용합니다.

```
"I eat %s apples." % "ten"
```
'I eat ten apples.'

● 변수로 대입

다양한 객체가 변수에 저장이 됩니다. 변수에 저장된 객체를 사용해서 포매팅할 수 있습니다.

```
number = 10
number_string = "ten"
```

```
"I eat %d apples." % number
```

'I eat 10 apples.'

```
"I eat %s apples." % number_string
```

'I eat ten apples.'

새로운 포매팅 방식인 중괄호를 이용하는 것도 알아봅니다. 이때는 문자열의 format 메소드를 사용합니다.

{1}은 format 함수의 두 번째 인자를 가리킵니다. format 함수를 사용하니 코드를 읽기가 더 쉽지 않나요?

```
number = 10
fruits = "apples"
```

```
"I eat {0} {1}.".format(number, fruits)
```

'I eat 10 apples.'

위와 같이 변수를 쓸 수도 있고 문자열 포맷 코드를 여러 개 쓸 수도 있습니다. format 함수를 이용해서 포매팅 할 수 있습니다. 문자열의 format 함수를 이용하면 좀 더 발전된 스타일로 문자열 포맷을 지정할 수 있습니다.

```
"I eat %d apples and %s." % (10, "bananas")
```

'I eat 10 apples and bananas.'

● 숫자와 문자열 바로 대입

중괄호(( )) 안의 숫자는 format 함수의 인자 값의 순서를 말합니다. 컴퓨터는 0부터 숫자를 셉니다. {0}은 첫 번째 인자를 말합니다. { }는 숫자를 하나 대입할 때나 문자열을 하나 대입할 때도 사용이 가능합니다.

```
"I eat {0} apples.".format(10)
```

```
'I eat 10 apples.'
```

```
"I eat {0} apples.".format("ten")
```

```
'I eat ten apples.'
```

● 이름으로 넣기

{0}, {1}과 같은 인덱스 항목 대신 더 편리한 {name} 형태를 이용하는 방법도 있습니다. {name} 형태를 이용할 경우에는 format 함수에 인자 name=value 형태로 넣어야 합니다.

```
"I eat {number} {fruits}.".format(number = 7, fruits = "bananas")
```

```
'I eat 7  bananas.'
```

이름으로 지정해서 처리할 때도 변수를 사용해서 포매팅할 수 있습니다.

number=number에서 오른쪽에 있는 number는 {number}를, 왼쪽에 있는 number는 변수 number 를 의미합니다.

```
"I eat {number} {fruits}.".format(number = number, fruits = fruits)
```

```
'I eat 10  apples.'
```

6 컴프리헨션(comprehension) 알아보기

수학의 집합에서 원소를 나타낼 때, 모든 원소를 다 나열하는 원소나열법과 이 원소들의 특정 패턴을 이용하는 조건제시법도 있습니다.

A = {1, 2, 3, 4}

A집합의 원소를 모두 나열했습니다. 이것을 '원소나열법'이라고 합니다.

A = {x|1 < x < 100}

위의 집합은 1보다 크고 100보다 작은 수를 원소로 하는 집합입니다. 수가 많아서 조건을 사용해서 원소를 나타냈습니다. 이것을 '조건제시법'이라고 합니다.

파이썬도 이 원리를 사용해서 원소가 많아지면 조건제시법처럼 값을 나타낼 수 있습니다. 이것을 수학의 조건제시법 용어를 그대로 사용해서 컴프리헨션(comprehesion)이라고 합니다. 컴프리헨션으로 처리하면 동적으로 각각 리스트, 딕셔너리, 집합이 생성되는 것처럼 보이지만 로딩하면 모든 원소가 다 만들어집니다.

반복문은 while문, for문과 같이 조건을 만족하면 그 안에 있는 문장을 반복해서 실행하는 것을 말합니다. 리스트를 만들고 반복문을 사용해서 원소의 값을 직접 넣을 수도 있지만 컴프리헨션을 이용하면 간단하게 원소를 만들 수 있습니다.

먼저 반복문을 이용하는 방법을 알아보고 컴프리헨션으로 만드는 방법을 알아보겠습니다. 두 방법을 비교하면 컴프리헨션 표기법이 얼마나 간단한지 알 수 있습니다.

● 리스트를 이용한 컨프리헨션 알아보기

먼저 반복문으로 리스트 객체에 원소를 넣어봅시다. 빈 리스트를 하나 만들고 변수 1에 할당합니다.

```
l = []
```

그다음 for문에 append 메소드를 이용해서 원소를 하나씩 추가합니다.

```
for i in range(10) :
    l.append(i)
```

for문이 끝난 후에 변수 1를 확인하면 0부터 9까지 값이 들어있는 것을 볼 수 있습니다.

```
l
```

```
[0, 1, 2, 3, 4, 5, 6, 7, 8, 9]
```

위에서 사용한 range(10)은 정수를 하나를 넣으면 0부터 시작해서 9까지 값을 처리할 수 있는 범위를 지정하는 객체만 만듭니다. 순환문에 사용하면 내부의 값들이 하나씩 처리됩니다.

```
range(10)
```

```
range(0, 10)
```

for문을 한 줄로 표현할 수 있으면 더 짧고 보기가 편하겠죠? 컴프리헨션을 사용하면 간편하게 코딩할 수 있습니다.

```
l = [ x for x in range(10)]
```

```
l
```

`[0, 1, 2, 3, 4, 5, 6, 7, 8, 9]`

대괄호([ ]) 안에 문장을 작성하는데 for문 들어가는 변수를 for문 앞에 씁니다.

```
l = [ x + 1 for x in range(10)]
```

```
l
```
[1, 2, 3, 4, 5, 6, 7, 8, 9, 10]

for문 앞에 이 변수를 사용해서 실행할 문장을 적습니다. 아래와 같이 코드를 작성하면 어떻게 될까요?

변수 x에 0부터 9까지 할당됩니다. 여기에 1를 더해서 리스트 객체에 원소로 넣습니다.

컴프리헨션에 for문을 여러 개 쓸 수도 있습니다. for문을 두 개면 쓰면 앞에 있는 for문이 뒤에 있는 for문을 포함하는 것으로 처리합니다.

```
ll = [x+y for x in [10,30,50] for y in [20,40,60]]
```

```
ll
```
[30, 50, 70, 50, 70, 90, 70, 90, 110]

아래의 예제는 for문을 사용해서 리스트를 만드는 것입니다. 이보다는 컴프리헨션이 훨씬 간단하다는 것을 알 수 있습니다.

```
lll = []
```

```
for x in [10,30,50] :
    for y in [20,40,60] :
        lll.append(x+y)
```

```
lll
```
[30, 50, 70, 50, 70, 90, 70, 90, 110]

● 딕셔너리와 집합 컴프리헨션 알아보기

리스트처럼 딕셔너리와 집합도 조건제시법을 사용해서 단순한 표기법인 컴프리헨션을 만들 수 있습니다. 딕셔너리는 키와 값을 동시에 처리해야 하는 특징이 있었던 것 기억하시죠? 이것을 기억하면서 딕셔너리와 집합 컴프리헨션에 관하여 자세히 알아볼까요?

딕셔너리와 집합 모두 중괄호({})를 사용합니다. 딕셔너리 컴프리헨션을 만들 때는 키와 값을 표시합

니다. 그리고 콜론을 가운데 넣어서 키와 값을 구분합니다.

두 개의 원소를 가진 튜플을 리스트 객체의 원소로 넣었습니다. 이 리스트 객체를 딕셔너리 컴프리헨션 for문에 넣어서 키와 값을 갖도록 만듭니다.

```
l = [('a',4),('b',5),('c',3),('d',7)]
```

```
dc = {k : v for k,v in l }
```

딕셔너리 컴플리헨션을 실행해서 변수 dc에 할당합니다.

저장된 결과를 확인하면 키와 값으로 된 딕셔너리가 만들어진 것을 볼 수 있습니다. 앞에 있는 것이 키이고, 뒤에 있는 것은 값입니다.

```
dc
```
```
{'a': 4, 'b': 5, 'c': 3, 'd': 7}
```

중괄호({ })를 사용하지만 하나의 값만 가지면 집합이라고 했습니다. 집합 컴프리헨션은 리스트 컴프리헨션과 비슷하지만 중괄호를 사용해야 합니다.

```
sc = {x for x in [4,4,4,4,5,3,3,3,4,7,8,9]}
```

리스트에는 같은 원소를 여러 개 가질 수 있습니다. 하지만 집합은 같은 원소가 여러 개 있으면 중복된 것은 하나만 저장합니다.

```
sc
```
```
{3, 4, 5, 7, 8, 9}
```

7 객체 복사하기

하나 이상의 원소를 가진 클래스의 객체를 함수 copy를 사용하여 복사하면 원래 객체는 그대로 두고 새로운 객체를 만듭니다.

● 얇게 복사해서 복사본 만들기

리스트 생성자에 기존 리스트 객체를 넣어 객체를 생성하면 다른 객체가 나오는 것을 알 수 있습니다. 변경이 가능한 객체일 경우는 생성자를 이용해서 사본을 만들 수 있습니다. 객체의 레퍼런스 값을 비교하거나 키워드 is를 사용해서 객체가 같은지 확인해보겠습니다.

```
ll = [1,2,3,4]
```

```
lll = list(ll)
```

```
lll
```
```
[1, 2, 3, 4]
```

```
lll is ll
```
```
False
```

복사한 객체는 원래 객체와는 전혀 다른 객체이므로 복사한 객체의 원소를 바꿔도 원래 객체는 바뀌지 않습니다.

```
lll[0] = 999
```

```
lll, ll
```
```
([999, 2, 3, 4], [1, 2, 3, 4])
```

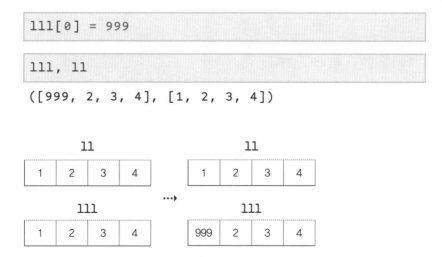

이번에는 슬라이스로 일정한 부분만 복사해서 객체로 만듭니다. 마찬가지로 다른 객체이므로 복사한 객체를 바꿔도 원래 객체는 바뀌지 않습니다.

```
ls = ll[:]
```

```
ls is ll
```
 False

```
ls[0] = 999
```

```
ls, ll
```
 ([999, 2, 3, 4], [1, 2, 3, 4])

이번에는 copy 메소드로 새로운 복사본을 만들어 볼까요? 마찬가지로 복사한 객체를 바꿔도 원래 객체는 바뀌지 않습니다.

```
lc = [7,8,9,10]
```

```
lcc = lc.copy()
```

```
lcc is lc
```
 False

```
lcc[0] = 999
```

```
lcc, lc
```
 ([999, 8, 9, 10], [7, 8, 9, 10])

딕셔너리 생성자를 이용해도 리스트 생성자처럼 인자로 딕셔너리 객체를 넣고 다시 객체를 생성하면 새로운 사본을 만듭니다.

```
d = {'a':1,'b':2}
```

```
dd = dict(d)
```

```
dd is d
```
```
False
```

```
dd['b'] = 999
```

```
dd, d
```
```
({'a': 1, 'b': 999}, {'a': 1, 'b': 2})
```

딕셔너리 객체도 copy 메소드로 사본을 만들 수 있습니다.

```
ddd = dd.copy()
```

```
ddd is dd
```
```
False
```

● 깊게 복사해서 사본 만들기

리스트 객체 내에 리스트 객체가 들어가거나, 딕셔너리 객체 내에 딕셔너리 객체가 값으로 들어온 경우, 이를 일반적인 복사를 했다고 해서 내부의 모든 객체들이 전부 복사되는 것은 아닙니다.

파이썬은 이런 문제를 해결하기 위해 깊은 복사를 하는 모듈인 copy를 제공합니다. copy 모듈 내의 deepcopy 함수를 이용해서 계층구조 내의 변경 가능한 객체를 모두 사본을 만들어서 처리할 수 있습니다.

리스트 객체 내에 하나의 원소가 리스트 객체입니다. 이 리스트 객체의 copy 메소드를 이용해서 사본을 만듭니다.

```
l_l = [1,2,3,4,[1,2,3]]
```

```
l_l
```
```
[1, 2, 3, 4, [1, 2, 3]]
```

```
llc = l_l.copy()
```

사본 내의 리스트 객체의 원소인 리스트 객체 안의 원소를 갱신합니다. 사본과 원본을 비교하면 둘 다 변경된 것을 확인할 수 있습니다.

```
llc[4][0] = 999
```

```
llc, l_1
```

```
([1, 2, 3, 4, [999, 2, 3]], [1, 2, 3, 4, [999, 2, 3]])
```

일반적인 copy 메소드는 가장 상위에 있는 것만 사본을 만들기 때문에 원소로 리스트 객체가 들어오면 새로운 사본을 만들지 않습니다.

모든 것을 다 사본으로 만들어서 사용하려면 모듈 copy를 import해야 합니다.

리스트 객체 내의 리스트 객체까지 전부 사본으로 처리하기 위해서는 copy.deepcopy 함수를 사용해서 사본을 만듭니다. 사본을 갱신해도 원본이 바뀌지 않습니다.

```
import copy
```

```
lldc = copy.deepcopy(l_1)
```

```
lldc[4][1] = 777
```

```
lldc, l_1
```

```
([1, 2, 3, 4, [999, 777, 3]], [1, 2, 3, 4, [999, 2, 3]])
```

● **재생성 및 인터닝 알아보기**

변경이 가능한 클래스인 리스트나 딕셔너리에서 생성자를 이용해서 객체를 만들면 새로운 사본을 만들어 처리합니다. 반대로 변경이 불가능한 클래스인 문자열이나 튜플 클래스의 객체를 만들면 어떤 일이 발생하는지 알아봅시다.

변경할 수 없는 객체가 있는 경우, 생성자를 통해 인스턴스를 다시 생성하면 새로운 객체를 만드는 것이 아니라 기존에 있는 것을 불러 반환해줍니다. 이런 처리 방식을 인터닝(interning)이라고 합니다.

● **변경 불가능한 객체 처리 방식 알아보기**

두 변수에 동일한 정수 300을 리터럴 표기법으로 넣었습니다. 정수는 하나의 값만 관리하므로 동일한 값은 동일한 객체이어야 합니다. 실제 두 객체를 비교하면 레퍼런스가 다른 것을 알 수 있습니다. 값을 비교하면 같은 값이므로 참값을 출력합니다.

프로그램이 실행될 때 변경이 불가능한 객체는 항상 동일한 값일 때는 동일한 객체여야 합니다. 하지만 내부적으로 객체를 다시 만들어서 처리하는 것이 성능을 높이는데 유리할 수도 있습니다. 변경이 불가능할 경우에는 객체간 비교는 is 키워드를 사용하지 않고 == 연산자를 사용해서 값이 동일한 지를 체크해야 합니다.

```
a = 300
```

```
b = 300
```

```
a is b
```
False

```
a ==  b
```
True

문자열 클래스도 변경 불가능한 객체를 만들지만, 내부적으로 동일한 객체를 리터럴 표기법으로 만들면 객체의 레퍼런스가 다릅니다.

```
s = "가을"
```

```
s1 = '가을'
```

```
s == s1, s is s1
```
(True, False)

튜플 클래스도 리터럴 표기법으로 각각 변수에 할당하면 두 객체의 레퍼런스가 동일하지 않은 것을 알 수 있습니다.

```
t = (1,2,3,4)
```

```
t1 = (1,2,3,4)
```

```
t == t1, t is t1
```
(True, False)

변경 불가능한 객체를 동일한 레퍼런스를 가지도록 하려면 리터럴 표기법을 사용하지 않고 생성자를 이용해서 처리해야 합니다.

정수를 리터럴 표기법으로 만들고 int 클래스로 정수를 생성한 후에 is 키워드로 확인하면 동일한 것을 알 수 있습니다.

```
d= 100
```

```
c = int(d)
```

```
c is d
```
    True

문자열도 변경 불가능해서 기존에 만들어진 문자열을 가지고 str 클래스로 새로운 객체를 생성하지만, 내부적으로는 동일한 객체를 반환합니다.

```
s = "문자열 "
```

```
ss = str(s)
```

```
ss is s
```
    True

Column 컴프리헨션에 필터링 처리하기

컴프리헨션을 써서 조건에 맞는 것만 골라서 원소를 만들 수 있습니다. 컴프리헨션 내에 **for**문이 실행될 때 **if**문을 써서 원하는 것만 고를 수 있습니다. 이것을 필터링한다고 합니다.

리스트, 집합은 **for**문 다음에 **if** 문을 써서 필터링하면 됩니다. 리스트나 집합 모두 값이 짝수인 경우만 골라서 원소로 정합니다. %는 나머지를 반환하는 산술연산자입니다.

```
4 % 3
```

```
1
```

4를 3으로 나누면 나머지가 1이 됩니다. % 연산자를 이용하면 짝수를 구할 수 있습니다. 짝수는 2로 나누어떨어지는 수입니다. 2로 나누면 나머지가 0입니다.

```
le = [x for x in range(10) if x % 2 == 0]
```

```
le
```

```
[0, 2, 4, 6, 8]
```

딕셔너리 경우도 마찬가지입니다. **if**문에 조건을 넣어서 필터링할 수 있습니다. 값이 짝수인 것을 골라서 딕셔너리 원소로 만들 수 있습니다.

```
l = [('a',4),('b',5),('c',3),('d',7)]
```

```
de = {k : v for k,v in l if v % 2 == 0 }
```

```
de
```

```
{'a': 4}
```

프로그램의 구조 만들기: 제어문과 반복문

프로그램을 집 짓기에 비유하면 돌, 시멘트, 나무 등의 재료는 자료형입니다. 이런 재료로 구조를 만들고 집을 짓겠죠? 이처럼 제어문은 프로그램의 구조를 만드는 것이라 할 수 있습니다.

제어문을 이용해서 프로그램의 구조를 만들어 볼까요?

제어문의 특징은 어떤 조건을 판단해서 참과 거짓일 때 각각 다른 일을 할 수 있다는 겁니다. 조건식을 만들 때는 참(True)과 거짓(False)을 판단할 수 있어야 합니다. 앞에서 파이썬의 기본 자료형인 정수형, 실수형, 문자열을 배웠습니다. 이 세 가지 자료형을 많이 쓰지만, Boolean(불리언)도 자주 쓰는 기본 자료형입니다. Boolean은 다른 자료형과는 달리 True(참) 또는 False(거짓)라는 값만 가질 수 있습니다. True(참)과 False(거짓)는 모두 첫 글자를 대문자로 써야 합니다.

조건이 하나 있는 제어문을 단순제어문이라고 합니다. 조건이 둘 이상 있는 제어문을 복합제어문이라고 하고 키워드는 elif를 씁니다. 이제부터 하나씩 차근차근 알아보겠습니다. 또한, 동일한 기능을 여러 번 반복해서 처리하는 while문과 for문도 알아봅니다.

1 단순제어문 알아보기

Python

단순제어문은 참과 거짓을 판단하여 키워드 if와 키워드 else에 저장된 문장을 수행합니다. if는 조건이 참일 때만 수행하고, else는 거짓일 때만 수행합니다.

참과 거짓도 객체이므로 이를 만드는 클래스인 bool이 있습니다. 참(True)과 거짓(False)도 문자열과 같은 자료형입니다.

● 참, 거짓 만들기

정수 객체 1을 bool 클래스에 넣어서 bool 객체를 만들고 변수 T에 할당하고, 정수 객체 0을 넣어서 변수 F에 할당합니다.

두 개의 변수를 입력하고 쉼표로 구분해서 실행하면 튜플로 나옵니다.

```
T = bool(1)
```

```
F = bool(0)
```

```
T, F
```
```
(True, False)
```

위에서 만든 두 변수 T, F를 키워드 True와 False와 같은 객체인지 확인을 하면 참이 됩니다. 클래스 bool에서 만들어지는 객체는 단 두 개뿐이므로 참인 경우는 키워드 True와 같고, 거짓인 경우는 키워드 False와 같습니다.

```
True is T
```
```
   True
```

```
False is F
```
```
   True
```

if문의 기본 구조는 오른쪽과 같습니다.

조건을 만족하면 키워드 if 다음에 있는 문장을 수행하고
만족하지 않으면 키워드 else 다음에 있는 문장을 수행합
니다. 키워드는 if만 써도 되지만, else는 if 없이 바로 사
용할 수 없습니다.

제어문을 점검하기 위해 변수 T와 키워드 True를 이용해서
참인 경우에 if 문에 있는 문장을 실행하는지를 확인합니
다. 제어문이 참인 경우 if문 내에 있는 문장만을 처리하므
로 print함수를 실행합니다.

```
if 조건문:
    수행할 문장 1
    수행할 문장 2
    ...
else:
    수행할 문장 A
    수행할 문장 B
    ...
```

```
if T :
    print(" 참  입니다 .")
```
```
 참  입니다 .
```

```
if True :
    print(" 참  입니다 .")
```
```
 참  입니다 .
```

이번에는 변수 F와 키워드 False를 확인하기 위해 제어문에 else도 넣었습니다. 두 문장을 각각 셀
에 입력해서 실행하면 if문에 있는 print문을 수행하는 것이 아니라 else 문에 있는 print 문을 실
행합니다.

```
if F  :
    print(" 참  입니다 .")
else :
    print(" 거짓  입니다 . ")
```

```
 거짓  입니다 .
```

```
if False :
    print(" 참 입니다 .")
else :
    print(" 거짓 입니다 . ")
```

거짓 입니다 .

파이썬은 정숫값이 0일 때는 거짓으로, 나머지 정숫값은 모두 참으로 처리합니다.

```
if 0 :
    print("참 입니다 .")
else :
    print("거짓 입니다 .")
```

거짓 입니다 .

나머지 정숫값은 모두 참이 됩니다.

```
if 1 :
    print("참 입니다 .")
else :
    print("거짓 입니다 .")
```

참 입니다 .

```
if 1000 :
    print("참 입니다 .")
else :
    print("거짓 입니다 .")
```

참 입니다 .

```
if -1000 :
    print("참 입니다 .")
else :
    print("거짓 입니다 .")
```

참 입니다 .

조건을 여러 개 사용해서 제어문을 만들 수도 있습니다. 키워드 **and**를 사용하면 조건이 모두 참 (True)이면 조건문은 참(True)이 됩니다.

```
a = 1
b = 1
```

```
if a == 1 and b== 1 :
    print("a, b 둘 다 1입니다 .")
else :
    print :("a, b 중 최소 하나는 1이 아닙니다 .")
```

 a, b 둘 다 1입니다 .

조건 중 하나라도 거짓(False)이라면 조건문은 거짓(False)이 됩니다.

```
a = 1
b = 0
```

```
if a == 1 and b== 1 :
    print("a, b 둘 다 1입니다 .")
else :
    print :("a, b 중 최소 하나는 1이 아닙니다 .")
```

 a, b 중 최소 하나는 1이 아닙니다 .

키워드 or를 사용하면 조건 중 하나라도 참(True)이면 조건문은 참(True)이 됩니다.

```
c = 1
d = 0
```

```
if c == 1 or d== 1 :
    print("c, d 중 최소 하나는 1입니다 .")
else :
    print("c, d 둘 다 1이 아닙니다 .")
```

 c, d 중 최소 하나는 1입니다 .

조건이 모두 거짓(False)이면 조건문은 거짓(False)이 됩니다.

```
c = 0
d = 0
```

```
if c == 1 or d== 1 :
    print("c, d 중 최소 하나는  1입니다 .")
else :
    print("c, d 둘 다 1이 아닙니다 .")
```

c, d 둘 다 1이 아닙니다 .

2 복합제어문 알아보기

단순제어문은 참일 경우 if문에 있는 문장을 수행하고, 거짓일 때는 else문에 있는 문장을 수행했습니다.

다양한 조건을 가질 경우는 어떻게 해야 할까요? 이때는 elif문으로 조건을 더 넣어 코드를 작성하면 됩니다. if문이나 elif문에 있는 조건이 모두 거짓이면 마지막으로 else문에 있는 문장을 수행합니다. 따로 수행할 문장이 없다면 else는 쓰지 않아도 됩니다.

● 복합 제어문

조건을 만들 때는 비교연산자를 많이 씁니다. 비교연산자에는 크다(>), 작다(<), 같다(==), 크거나 같다(>=), 작거나 같다(<=), 같지 않다(!=) 등이 있습니다.

비교연산자가 실행되면 결과는 항상 불리언 값인 True 또는 False가 됩니다.

100+2를 계산해서 변수 e에 넣습니다. 변수 e와 정수 객체 100을 비교하여 이를 변수 a에 할당합니다. 그다음 변수 a를 넣고 실행하면 False라는 값이 나옵니다.

```
e = 100 + 2
```

```
a = e < 100
```

```
a
```

False

위의 두 변수를 써서 복합제어문을 만들어보겠습니다. 첫 번째 if문을 실행하지 않으려면 거짓이 되어야 다음 조건을 확인합니다. 변수a는 False이므로 두 번째 조건을 확인합니다. 두 번째 elif에 e==102라고 조건을 씁니다. 이 조건은 참이니 print 함수를 실행하고 제어문을 빠져나갑니다.

제어문은 아무리 복잡해도 하나의 조건을 만족하면 그 안에 있는 문장을 실행하고 제어문을 빠져나갑니다.

```
if a :
    print(" 참입니다 . ")
elif e == 102 :
    print(" 동일한  값입니다 . ")
else :
    print(" 거짓입니다 .")
```
  동일한 값입니다 .

3 while문 알아보기

프로그램을 만들다 보면 같은 문장을 여러 번 실행해야 할 때가 있습니다. 'Hello World'라는 문장을 백 번 출력해야 한다고 생각해 봅시다. 어떻게 해야 할까요?

```
print("Hello World !")
print("Hello World !")
print("Hello World !")
print("Hello World !")
print("Hello World !")
...
```

같은 문장을 백 번 작성하는 것은 번거롭겠죠? 이렇게 같은 문장을 여러 번 실행해야 할 때 쓰는 것이 반복문입니다.

제어문은 조건을 만족하는 경우에만 실행이 됩니다. 반복문을 쓸 때는 언제 반복문을 빠져나와야 할지 정확히 정해줘야 합니다.

반복문에는 제어문처럼 조건을 판단해서 참일 경우에 반복해서 문장을 실행하는 while문이 있고, 여러 원소를 가지는 리스트, 튜플 등을 넣어서 처리하는 for문이 있습니다.

■ 반복문의 종류
while문
for문

이 두 반복문이 어떻게 다른지 자세히 알아보겠습니다.

while문은 while 키워드 다음에 조건을 씁니다. 이 조건이
참일 경우 다음 문장을 계속 실행합니다.

이 조건이 계속 참(True)이 되면 반복해서 문장을 실행합니
다. '무한순환'이 발생하는 것입니다.

while문을 빠져나가기 위해선 break문을 실행해야 합니
다.

> **while 문의 기본 구조**
>
> **while** 조건:
>
>   실행할 문장 1
>   실행할 문장 2
>   실행할 문장 3
>   ...

또한, 특정 조건에 맞으면 그 이하 문장을 처리하지 않고 다시 처음부터 문장을 반복해서 실행하게
할 경우에는 키워드 continue를 사용합니다.

● **조건을 판단하는 반복문**

반복문을 사용할 때는 조건을 판단하거나 결과를 처리할 변수를 반복문 밖에서 작성해야 합니다.

1부터 10까지의 수를 합하는 프로그램을 만든다고 합시다. 변수 x에 0을 할당해서 초기화했습니
다. 변수 x는 조건문에 들어갑니다. 결괏값을 처리하는 result를 반복문 내에서 넣어서 초기화하면
어떻게 될까요?

x가 10보다 작거나 같으면 result에 x값을 더합니다. 그리고 x값에 1을 더합니다. 하지만 반복문
을 실행할 때마다 result 값을 0으로 초기화하게 됩니다. 이렇게 코드를 작성하면 안 됩니다.

result += x는 result = result +x와 같은 뜻입니다. 즉 변수 result에 변수 x값을 더하는 것
이죠.

```
x = 0
```

```
while x <= 10 :
    result = 0
    result += x
    x += 1
```

```
result, x
```

```
(10, 11)
```

두 변수 x, result를 while문 밖에서 초깃값을 할당합니다. 반복문에서 초기화가 되지 않도록 하는 것이죠.

```
x = 0
```

```
result = 0
```

반복문은 변수 x가 10보다 크면 실행을 멈춥니다.

이제 반복문을 실행합니다.

```
while x <= 10 :
    result += x
    x += 1
```

다음 셀에 result 변수를 쓰고 실행하면 결과가 나옵니다.

```
result
```
55

while문을 쓸 때는 어떤 변수를 초기화할지 잘 생각해서 코드를 작성해야 합니다.

while문은 조건문이 참인 동안 계속해서 while문 안의 코드를 반복해서 실행합니다. 하지만 강제로 while문을 빠져나가고 싶을 때가 있습니다. 강제로 멈추게 하는 것이 바로 break문입니다.

변수가 특정 값이 되면 while문을 빠져나가도록 코딩을 해보겠습니다.

```
x = 0
result = 0
```

```
while x <= 10 :
    result += x
    x += 1
    if x == 5:
            break
```

```
result
```
10

while문을 실행하면 변수 x값이 1씩 커지는데 그 값이 5가 되면 while문을 빠져나갑니다. 그러니

까 1, 2, 3, 4만 더하는 것이죠.

프로그램을 만들다 보면 while문을 빠져나가지 않고 while문의 맨 처음(조건문)으로 다시 돌아가게 해야 할 경우가 있습니다. 이때 사용하는 것이 바로 continue문입니다.

예제를 볼까요?

```
y =0
```

```
while y <= 10 :
    y += 1
    if y % 2 == 0:
        continue
    print(y)
```

```
1
3
5
7
9
11
```

변수 y를 1씩 더하고 2로 나눈 나머지를 확인합니다. 나머지가 0이면 짝수입니다. 그러면 continue 문을 실행합니다. while문의 맨 처음(조건문)으로 돌아갑니다. 나머지가 0이 아니면 홀수입니다. 그러면 continue문을 실행하지 않고 print(y)를 실행합니다. 그러면 홀수만 출력합니다.

break과 continue를 사용해서 원하는 대로 반복할 수 있어야 합니다. break과 continue는 for문에서도 쓰입니다.

4 for문 알아보기

Python

파이썬에는 여러 원소를 가질 수 있는 클래스가 있습니다. 여러 원소를 가질 수 있는 클래스로 만든 객체들이 원소를 하나씩 처리할 때가 있습니다. 이런 경우 for문을 씁니다.

for문은 두 개의 키워드를 사용합니다. 먼저 키워드 for를 쓰고 변수를 정합니다. 그다음 키워드 in을 쓰고 원소를 여러 개 가진 객체를 씁니다.

문자열, 리스트, 튜플 등 여러 원소를 가진 객체가 키워드

> for 문의 기본 구조
> for 변수 in 많은 원소를 가진 객체:
>   실행할 문장 1
>   실행할 문장 2
>   실행할 문장 3
>   …

in 다음에 오면 잘됩니다. 하지만 원소가 하나인 정수나 실수 등이 오면 에러가 발생합니다.

● for문 사용하기

정수를 넣어서 for문을 작성하면 정수는 반복할 수 없는 클래스의 객체이므로 TypeError를 발생합니다.

for문은 원소를 여러 개를 가진 객체인지 먼저 확인합니다.

```
for i in 0 :
    print(i)
```

```
-------------------------------------------------
TypeError          Traceback (most recent call last)
<ipython-input-9-1f9d3208508a> in <module>
----> 1 for i in 0 :
      2      print(i)

 TypeError: 'int' object is not iterable
```

이번에는 여러 개의 원소를 가질 수 있는 리스트 객체로 확인해봅시다. 빈 리스트 객체를 리터럴 표기법으로 반복문에 넣습니다.

원소가 하나도 없는 데 에러가 없는 이유는 빈 리스트 객체도 반복이 가능한 리스트 클래스가 만든 객체이기 때문입니다.

이 반복문을 실행하면 결괏값이 없습니다. 원소가 없으니까 print함수가 실행되지 않습니다. 그러면 반복문이 바로 끝납니다.

```
for i in [] :
    print(i)
```

1부터 10까지 더하는 프로그램을 for문으로 작성하겠습니다. 1부터 10까지의 원소를 가진 리스트 객체를 변수 l에 할당합니다. 계산된 결과를 저장하는 변수 result를 만듭니다.

for문을 작성해서 result에 l의 원소를 하나씩 더합니다. 반복문이 끝나면 result로 결과를 확인합니다.

i는 iterable(반복할 수 있는)의 첫 글자입니다.

```
l = [1,2,3,4,5,6,7,8,9,10]
```

```
result = 0
```

```
for i in l :
    result += i
```

```
result
```

55

많은 숫자를 리스트 객체로 하나하나 만드는 것보다 더 쉬운 방법이 있습니다. 바로 range 클래스를 사용하는 것입니다. range 클래스는 시작점, 종료점, 간격을 넣으면 반복할 수 있는 객체를 만듭니다. 간격을 넣지 않으면 자동으로 1이 됩니다. range 객체를 만들 때 주의할 점은 종료점은 포함되지 않는다는 것입니다. 문자열이나 리스트를 슬라이싱할 때와 비슷하죠?

range(1,11)로 만든 객체에는 1부터 10까지의 정수가 원소로 들어갑니다.

처리된 결과를 확인하면 1부터 10까지 더한 결과가 나옵니다.

```
result = 0
```

```
for i in range(1,11) :
    result += i
```

```
result
```

55

5 복합 반복문 만들어서 처리하기

Python

반복문 안에 반복문을 넣어 복합 반복문을 만들 수도 있습니다. 가장 밖에 있는 반복문이 원소를 하나 처리할 때 안에 있는 반복문은 원소를 모두 반복해 처리하는 겁니다. 가장 밖에 있는 반복문이 마지막 원소를 처리하면 복합 반복문이 끝납니다.

● 복합 반복문 작성하기

빈 리스트를 만들어서 변수 11에 할당합니다.

```
ll =[]
```

처음 반복문에 원소가 하나 들어오면 안에 있는 반복문의 원소를 이용해서 제곱 계산을 합니다.

가장 밖에 있는 반복문이 원소를 하나 처리할 때 안에 있는 반복문은 원소를 모두 다 처리해야 합니다.

변수 i가 1일 때 변수 j는 1부터 4까지 값이 변합니다.

별표 앞에 있는 수는 변수 i, 뒤에 있는 수를 변수 j라고 생각하면 됩니다. 변수 j가 1부터 4까지 바뀌면 변수 i가 다음 수로 바뀝니다.

```python
for i in range(1,4) :
    for j in range(1,4) :
        ll.append(i**j)
```

```
ll
```

[1, 1, 1, 2, 4, 8, 3, 9, 27]

Column 3과 7의 배수 구하기

지금까지 배운 내용으로 3과 7의 배수를 구해서 모두 더하는 프로그램을 만들어 봅시다.

1000 미만의 자연수에서 3의 배수와 7의 배수의 총합을 구하려면 어떻게 해야 할까요?

배수는 % 연산자를 사용하면 됩니다. 만약 5의 배수라면 5로 나눴을 때 나머지가 0이 되어야 합니다. 즉 A를 B로 나눴을 때 나머지가 0이라면, A는 B의 배수입니다.

while문과 for문을 사용해서 프로그램을 만들어 봅시다.

변수 n과 result를 만들고 0을 할당합니다. 이 변수 n이 조건문에 들어갑니다. n이 1000보다 작을 때까지 계속 반복하는 것이죠.

```
n = 0
result = 0
while n < 1000:
    n += 1
```

변수 n에 1씩 더하면서 3 또는 7의 배수인지 확인합니다. 3 또는 7의 배수이므로 키워드 or(또는)를 사용합니다.

배수는 % 연산자를 사용해서 구합니다. 3 또는 7의 배수이면 이 값을 변수 result에 더합니다. 그리고 print 함수로 값을 출력합니다.

```
n = 0
result = 0
while n < 1000:
    n += 1
    if n % 3 == 0 or n % 7 == 0:
        result += n
        print(n)
```

```
987
990
993
994
996
```

result 변수를 실행하면 배수의 합을 보여줍니다.

```
result
```

```
214216
```

for문을 사용하는 프로그램도 만들어봅시다.

range(1,1000)를 실행하면 1부터 999까지의 정숫값을 갖게 됩니다. i가 3 또는 7의 배수인지 확인하고 if문을 실행합니다.

제어문과 반복문은 프로그래밍의 기초입니다. 다양한 프로그램을 직접 만들어보고 여러분의 실력을 키우길 바랍니다.

```
n = 0
for i in range(1, 1000):
    if i % 3 == 0 or i % 7 == 0:
        result =+ i
        print(i)
```

990
993
994
996
999

예외와 경고 처리하기

표현식과 문장을 작성하다 보면 문법 규칙을 지키지 않아 에러가 발생합니다. 또한, 처리는 되었지만, 이 처리의 결과가 정상적이지 않을 경우, 예외를 발생합니다.

에러나 예외가 발생하면 실제 실행되는 프로그램이 중단되기 때문에 중요한 기능을 처리하고 있다면 문제가 될 수 있습니다.

프로그램 실행을 예외가 아닌 방법으로 종료하려고 하면 예외 발생하는 곳에서 예외를 발견하여 내부적인 기능을 처리하고 종료해야 합니다.

프로그램을 작성하고 이를 실행하면서 테스트를 수행합니다. 특정 기능의 변경이 발생하거나 다른 모듈이 변경될 경우 경고를 발생시킬 수도 있습니다.

1 예외 처리하기
Python

예외가 생길 수 있는 곳에 **try-except** 문을 써서 프로그램이 멈추지 않게 만들 수 있습니다. 이것을 '예외처리'라고 합니다.

예외처리할 때 실제로 예외가 있지 않으면 더 심각한 문제를 발생할 수 있으므로 마지막에 **except**문을 사용해야 합니다.

프로그램을 만들 때 변수를 할당하지 않았는데, 할당했다고 생각하고 만드는 경우가 많습니다. 변수를 할당하지 않고 프로그램을 실행하면 NameError가 발생합니다.

```
try :
    a = a + 1
except NameError as e :
    print(type(e),e.args)
except Exception as e :
    print(type(e),e.args)
```
```
<class 'NameError'> ("name 'a' is not defined",)
```

함수에도 변수를 할당하지 않고 사용하면 오류가 생깁니다. 이때는 UnboundLocalError가 발생합니다.

```
def func(x) :
    y = y + x
    return y
```

```
try :
    func(100)
except UnboundLocalError as e :
    print(type(e),e.args)
except Exception as e :
    print(type(e),e.args)
```

```
<class 'UnboundLocalError'> ("local variable
'y' referenced before assignment",)
```

강제로 예외가 발생하도록 할 수 있습니다. 이때 사용하는 키워드가 raise입니다.

```
try :
    raise SyntaxError("예외발생 ")
except SyntaxError as e :
    print(type(e),e.args)
except Exception as e :
    print("E :", type(e),e.args)
```

```
<class 'SyntaxError'> ('예외발생 ',)
```

try~except문을 작성할 때 else문을 추가해서 예외가 발생하지 않을 때 처리하는 기능을 넣어 정
상적으로 처리되면 이 else문에서 처리할 수 있게 합니다.

예외처리를 해도 반드시 실행이 필요한 기능은 Finally문에 기능을 추가합니다.

```
try :
    raise SyntaxError("예외발생 ")
except SyntaxError as e :
    print(type(e),e.args)
except Exception as e :
    print("E :", type(e),e.args)
else :
    print(" 정상으로  처리  되었습니다 .")
finally :
    print(" 무조건  처리  됩니다 .")
```

```
<class 'SyntaxError'> ('예외발생 ',)
 무조건  처리  됩니다 .
```

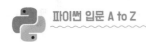

이번에는 예외 없이 정상으로 처리되었습니다. 이때는 else문과 finally문이 같이 실행된 것을 볼 수 있습니다.

```python
try :
    print("예외가 없습니다 . ")
except SyntaxError as e :
    print(type(e),e.args)
except Exception as e :
    print("E :", type(e),e.args)
else :
    print(" 정상으로 처리 되었습니다 . ")
finally :
    print(" 무조건 처리 됩니다 . ")
```

예외가 없습니다 .
　정상으로 처리 되었습니다 .
　무조건 처리 됩니다 .

2 경고 처리하기

경고는 예외나 에러와 다릅니다. 이번 장에서는 가장 일반적인 경고처리만 알아봅시다. 경고를 발생시킬 수 있는 곳은 함수, 클래스, 모듈입니다. 함수, 클래스, 모듈 등을 사용할 때 주의를 주어 프로그램이 알맞게 진행되도록 만들도록 도와주기 위하여 경고가 존재합니다. 프로그램에서 왜 경고를 발생시켰는지를 파악해서 경고를 해결해야 합니다.

경고를 처리하는 warnings 모듈을 import합니다. 함수를 정의할 때 warn 함수를 통해 경고메시지를 정의했습니다.

```python
import warnings
```

```python
def add(x,y) :
    warnings.warn(" 이 함수는 정수만 입력해야 합니다.")
    return x+y
```

함수를 실행하면 경고메시지가 표시되었지만, 예외가 아니므로 계산한 결과도 반환합니다.

```
add(100,100)
```

```
C:\Users\John\Anaconda3\lib\site-packages\
ipykernel_launcher.py:2: UserWarning:
이 함수는 정수만 입력해야 합니다.
```

200

프로그램의 입력과 출력: 함수

프로그램을 만들 때 반복되는 문장을 하나의 기능으로 묶어서 다시 사용할 수 있도록 구조화하면 편리합니다. 이렇게 코드를 묶어서 새롭게 정의한 것을 함수라고 합니다.

프로그램을 개발하다 보면 계속 사용하는 코드가 생깁니다. 이럴 때는 보통 반복되는 코드를 복사한 후 붙여넣는 식으로 프로그램을 만듭니다. 그러나 이렇게 복사 붙여넣기하며 프로그램을 작성하게 되면 코드를 바꾸기 어렵게 됩니다.

예를 들어, 이전에 작성한 코드에 문제가 있다는 것을 알게 되었습니다. 문제가 있는 코드를 수정했는데 이미 그 코드는 프로그램의 여러 곳에서 복사되어 사용되었습니다. 이런 경우 해당 코드를 빠짐없이 찾아서 수정해야 합니다. 끔찍하겠죠?

이런 문제를 방지하려면 중복된 코드는 단순히 코드를 복사해서 붙여넣는 식으로 프로그램을 작성하는 것이 아니라 함수(function)라는 형태로 코드를 작성하는 것이 좋습니다.

함수는 한 번만 잘 만들어두면 원할 때 '호출'해서 사용할 수 있어서 개발 생산성을 높일 수 있습니다. 또한, 그 함수가 어떤 일을 하는지 함수 이름으로 알 수 있어서 가독성도 좋아지고 프로그램의 흐름도 잘 파악할 수 있으며 에러가 어디에서 나는지도 금방 알 수 있습니다. 함수를 만들고 적절하게 사용할 수 있어야 능력 있는 프로그래머가 될 수 있습니다.

우리는 앞에서 이미 많은 함수를 사용했습니다. print() 기억나나요? 이것도 함수입니다. 함수는 이름 뒤에 괄호가 있습니다. 파이썬에는 기본적으로 많은 함수가 들어 있으며 이를 내장 함수라고 합니다. 더 나아가 파이썬에서는 원하는 함수를 직접 만들 수도 있습니다.

함수는 초등학교, 중학교를 걸쳐 수학 시간에 이미 배웠을 것입니다. 수학에서는 입력으로 어떤 값을 넣으면 안에서 어떤 처리를 해서 최종 결괏값을 출력하는 것을 함수라고 합니다. 마치 마술상자와 같습니다. 중요한 점은 함수 안에서는 어떻게 처리가 되는지 몰라도 입력을 넣으면 무언가가 출력으로 나온다는 점입니다.

어떤 값을 넣으면 1을 더해서 결괏값을 출력해주는 함수가 있다고 생각해 봅시다. 이 함수에 2를 입력하면 함수 안에서는 입력 값에 1을 더해줍니다. 그러면 3이 되겠죠? 함수는 이 값을 출력합니다.

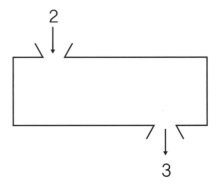

'함수에 값을 넣으면 함수는 계산된 값을 돌려준다.' 이것이

바로 함수의 핵심입니다. 프로그래밍 언어도 마찬가지입니다.

파이썬에서는 함수를 만들 때 def라는 키워드를 사용합니다. definition의 약자로 definition은 '정의'라는 뜻입니다. 함수를 만드는 것을 '함수를 정의한다'라고 합니다.

변수이름을 잘 정해야 하는 것처럼 def 키워드 다음에는 함수의 기능과 관계있는 함수 이름을 정해야 합니다.

def는 함수를 만들 때 사용하는 키워드(예약어)이고, 함수 이름은 우리가 마음대로 정할 수 있습니다. 함수 이름 뒤 괄호 안의 매개변수는 이 함수에 입력으로 전달되는 값을 받는 변수입니다.

이렇게 함수를 정의한 다음 if, while, for문 등과 마찬가지로 함수에서 실행할 문장을 작성합니다.

> 파이썬 함수의 구조
>
> ```
> def 함수명(매개변수):
>     실행할 문장 1
>     실행할 문장 2
>     실행할 문장 3
>     …
>     return 결괏값
> ```

1 함수 정의와 호출하기

반복문을 작성해 처리할 때와 함수를 구성해서 처리할 때의 처리시간을 단순하게 비교해볼까요? 함수를 사용하면 함수 로딩 등을 위한 준비 작업으로 일반 반복문보다 속도는 느릴 수 있습니다. 그러나 기능을 재사용할 수 있다는 측면에서 함수를 사용하는 것이 더 좋습니다.

파이썬은 모든 것을 객체로 관리합니다. 함수도 하나의 객체입니다. 객체가 만들어진다는 것은 클래스가 있다는 뜻입니다. 일반적으로 함수를 정의하면 함수 클래스의 객체로 만들어집니다.

● 함수 정의하기

함수는 들어온 입력값을 받아 처리해서 결괏값을 돌려줍니다. 결괏값을 리턴값이라고도 합니다. 결괏값을 돌려주는 것을 '리턴한다, 반환한다'고 합니다.

입력값 ⋯▶ 함수 ⋯▶ 리턴값

입력값과 결괏값이 있는 함수가 일반적인 함수입니다. 앞으로 프로그래밍을 할 때 만드는 함수는 대부분 다음과 비슷합니다.

```
def add(a, b):
    result = a + b
    return result
```

```
add (1, 2)
```
  3

함수를 사용하는 것을 '함수를 호출한다'라고도 합니다.

매개변수(parameter)와 인자(arguments)는 헷갈리는 용어이니 잘 이해하길 바랍니다. 매개변수는 함수에 입력으로 전달된 값을 받는 변수를 의미하고, 인수는 함수를 호출할 때 전달하는 입력값을 의미합니다.

```
def add(a, b):# a, b 매개변수
    result = a + b
    return result
```

```
add (1, 2) #1, 2는 인자
```
  3

일반적으로 함수를 실행하려면 함수의 매개변수에 맞게 인자를 넣어야 합니다. 그러나 때로는 입력값이 없는 함수도 있고, 괄호 안에 매개변수가 없어도 함수를 호출할 수 있습니다.

```
def say():
    return "Hi"
```

```
say()
```
  'Hi'

결괏값이 없는 함수도 있습니다. return문에 실행할 코드가 없는 것이죠.

```
def add(a, b):
    print("%d, %d의 합은 %d입니다." % (a, b, a+b))
```

```
add(10, 20)
```
  10, 20의 합은 30입니다.

return문이 없어도 어떤 일을 할 수 있습니다.

함수를 정의할 때 def 키워드 다음에 함수명과 그 다음 괄호에 매개변수를 지정할 수 있습니다. 매개변수는 아무것도 정의하지 않아도 함수를 정의할 수 있습니다. 아래 예제에서 func( )함수에 pass 키워드를 사용하여 아무 일도 하지 않게 만듭니다.

```
def func() :
    pass
```

위에 정의된 함수를 실행하고 반환값을 변수에 할당합니다. 함수를 정의할 때 return문을 작성하지 않았지만, 예외가 발생하지 않는 것을 보면 함수가 실행되면 무언가를 반환한다는 것을 알 수 있습니다.

변수 a를 print문으로 출력하면 내부에 저장된 값이 None입니다. 반환값이 없는 함수도 실행되면 무조건 None을 반환하는 것을 알 수 있습니다.

```
a = func()
```

```
print(a)
```
```
None
```

함수도 객체입니다. 객체라는 건 객체를 만든 클래스가 있다는 뜻입니다. 위에서 만든 함수를 누가 만들었는지 확인하기 위해 type 클래스에 인자로 전달해서 확인합니다. 출력된 결과를 보면 class function입니다. 함수도 클래스로 만들어진 객체라는 것을 알 수 있습니다.

```
print(type(func))
```
```
<class 'function'>
```

파이썬 내부에서 관리하는 함수 클래스를 확인하려면 모듈 types를 import해서 내부에 있는 함수 클래스를 다시 확인해 봅니다.

함수를 type 클래스에 인자로 전달해서 받은 결과와 types모듈에서 FunctionType 클래스와 같은지 확인하면 참이라고 표시합니다. 실제 함수는 FunctionType 객체라는 것을 알 수 있습니다.

```
import types
```

```
type(func) == types.FunctionType
```
```
True
```

함수를 type 클래스에 전달해서 출력하면 function이라고 표시합니다. 이 정보는 FunctionType 클래스의 속성인 __name__에 있는 문자열 정보라는 것을 알 수 있습니다.

클래스와 객체 관계를 명확히 확인하기 위해 isinstance 함수를 이용해서 생성 관계를 확인하면 참이라는 것을 알 수 있습니다.

```
types.FunctionType.__name__
```
    'function'

```
isinstance(func, types.FunctionType)
```
    True

함수를 정의할 때 함수 이름 바로 다음 괄호에는 매개변수가 들어갑니다. 매개변수는 변수 명명규칙과 동일하게 이름을 붙입니다.

함수의 반환값은 항상 하나의 객체입니다. 반환값에 매개변수로 들어온 두 개의 변수를 그대로 반환하도록 작성했습니다.

```
def func_name(para1, para2) :
    return para1, para2
```

함수를 호출할 때는 함수 이름 다음에 괄호가 옵니다. 이 괄호에 매개변수와 같은 인자를 값으로 넣습니다. 함수 호출 결과를 변수에 할당합니다. 할당된 변수에는 return에 적힌 값들이 반환됩니다.

변수 f를 빈 셀에 넣어서 실행한 결과를 보면 하나의 값인 튜플 객체가 출력됩니다. 이 뜻은 return에 두 개의 변수 사이에 쉼표를 사용했기 때문에 튜플 객체 하나만 반환했다는 의미입니다. 파이썬 함수는 항상 하나의 객체만 반환합니다.

```
f = func_name(10,20)
```

```
f
```
    (10, 20)

파이썬은 변수나 매개변수에 실제 타입을 지정할 수 없지만, 주석으로 타입 힌트나 어노테이션을 지정할 수는 있습니다. 이것은 타입을 지정하는 것이 아니라 주석을 지정하는 것입니다.

매개변수 다음에 콜론을 쓰고 실제 클래스명으로 타입을 쓸 수 있습니다. 매개변수 정의 이후 -> 표시 다음에 반환값에 대한 타입을 작성할 수 있습니다.

```
def func_name_(para1:int,para2:int)-> tuple :
    return para1, para2
```

이 함수를 호출할 때 매개변수 자료형이 정수이므로 정수를 넣었습니다. 실행된 결과를 확인하면 튜플인 것을 알 수 있습니다. 다시 이 함수를 호출할 때 문자열을 인자로 전달해도 튜플로 반환합니다. 실제 매개변수에 정의된 타입을 내부에서는 점검하지 않는 것을 알 수 있습니다.

```
func_name_(10,20)
```
```
(10, 20)
```

```
func_name_("문자열",20)
```
```
('문자열', 20)
```

매개변수와 반환값에 대한 정보는 어디에 저장될까요? 함수는 객체이므로 함수 정의문이 로딩되면 함수 객체가 만들어져 함수 내부의 속성들이 만들어집니다.
이때 어노테이션에 대한 정보를 속성 __annotations__에 저장합니다.

이 속성을 셀에 넣고 실행하면 딕셔너리 객체에서 관리하는 것을 알 수 있습니다.

```
func_name_.__annotations__
```
```
{'para1': int, 'para2': int, 'return': tuple}
```

이번에는 두 개의 문자열을 인자로 전달해서 함수를 실행해 봅시다. 어노테이션이 있지만 같은 자료형인지 체크하지 않고 실행합니다.

```
func_name_('a','b')
```
```
('a', 'b')
```

함수에 대한 이름을 확인하려면 __name__ 속성을 셀에 작성하고 실행하면 됩니다. 함수의 이름은 __name__에 문자열로 들어가고 실제 함수를 호출해서 사용하는 이름은 변수 이름입니다. 함수를 정의하면 함수명은 __name__ 속성에 들어가고 함수명과 같은 변수명이 생기는 것을 알 수 있습니다.

```
func_name_.__name__
```

'func_name_'

주피터 노트북 매직 명령어인 **%%timeit**을 지정하고 그 밑에 반복문을 100000번 반복을 합니다.

```
%%timeit

result = 0
for i in range(100000) :
    result += i
```

6.8 ms ± 402 μs per loop (mean ± std. dev. of 7
runs, 100 loops each)

add 함수는 반복문을 실행한 결과를 반환하도록 정의를 했습니다.

```
def add(n) :
    result = 0
    for i in range(n) :
        result += i
    return result
```

함수를 호출해서 10000번 순환을 함수에서 처리하는 시간을 확인하기 위해 같은 주피터 노트북 명령어인 **%%timeit** 실행합니다.

시간을 확인해보면 일반 반복문보다 더 많이 걸린 것을 알 수 있습니다.

```
%%timeit

add(100000)
```

8.21 ms ± 344 μs per loop (mean ± std. dev. of 7
runs, 100 loops each)

2 함수 정의할 때 매개변수 초깃값 할당하기

함수 정의를 할 때 매개변수를 정의하면, 함수 호출 시에 인자를 전달해야 매개변수가 함수 내의 이름공간에 할당됩니다. 함수를 호출할 때 인자를 넣지 않으면 예외가 발생합니다.

함수를 정의할 때 같은 값을 인자로 전달해야 할 경우 반복적인 인자를 넣지 않기 위해 초깃값을 부여할 수 있습니다. 이 초깃값은 함수가 계속 호출되어도 항상 같은 값으로 처리됩니다.

● 매개변수에 초깃값 정의하기

함수의 매개변수에 초깃값을 넣으려면 함수를 정의할 때 매개변수에 값을 할당해야 합니다.

```
def func_default(x=100,y=200) :
    return x + y
```

이 함수를 아무런 인자가 없이 호출해서 실행하면 예외 없이 계산해서 결과를 반환합니다. 이때 사용하는 것이 함수 매개변수의 초깃값을 가지고 계산한 결과입니다.

```
func_default()
```

300

함수의 초깃값은 __defaults__ 속성에 저장됩니다. 함수 이름을 쓰고 __defaults__ 속성을 넣고 실행하면 함수를 정의할 때 초깃값으로 넣은 값이 출력됩니다.

```
func_default.__defaults__
```

(100, 200)

이번에는 함수 호출 시 인자를 하나 넣었습니다. 첫 번째 인자에 300이 들어가고 두 번째 인자는 초깃값을 사용합니다.

두 개의 인자를 넣고 함수를 실행하면 초깃값은 무시되고 입력된 인자가 계산됩니다.

```
func_default(300)
```

500

```
func_default(1,2)
```

3

함수의 매개변수를 정의하면 함수의 지역 이름공간에 저장됩니다. 함수 내의 지역 이름공간을 출력하는 것도 가능합니다. 이때 사용하는 함수가 locals입니다.

함수 내의 지역 이름공간을 출력하기 위해 print 함수의 인자로 locals함수를 넣고 실행 결과를 출력하도록 만들었습니다.

```python
def func_local(x,y,z=100) :
    print("지역 이름공간 확인",locals())
    return x+y+z
```

함수에 인자를 세 개 넣어서 실행하면 매개변수가 지역 이름공간에 들어가 있는 것을 확인할 수 있습니다.

```python
func_local(10,20,30)
```
```
지역 이름공간 확인 {'z': 30, 'y': 20, 'x': 10}

60
```

<table>
<tr><td>3</td><td>함수의 속성 알아보기</td><td>Python</td></tr>
</table>

앞에서 함수를 정의하는 방법을 알아보았습니다. 이번 장에서는 내장함수를 사용하면서 함수를 사용하는 방식을 알아보겠습니다.

함수도 객체이므로 내부에 저장된 속성과 메소드가 있습니다. 이 속성과 메소드를 확인해봅시다.

● 기본 내장 함수 알아보기

어떤 객체가 들어왔을 때 내부의 값을 확인해서 참과 거짓을 표시하는 함수 any와 all이 있습니다.

먼저 리스트 객체를 하나 만듭니다. 내부 원소에 None을 넣어서 결측값으로 처리했습니다. 결측값이란 실제 아무 값이 없다는 것입니다.

```python
l = [ 1, 2, None, 4]
```

함수 any는 내부 원소의 값이 하나라도 참이면 참값을 처리합니다.

```python
any(l)
```
```
True
```

결측값인 None에 대한 불리언 값은 항상 거짓입니다.

```
bool(None)
```
```
False
```

함수 all은 모든 값이 참일 경우에만 참을 반환합니다. None이 거짓을 처리하므로 all 함수에 위의 리스트 객체를 인자로 전달해서 처리하면 거짓으로 처리됩니다.

```
all(l)
```
```
False
```

빈 리스트 객체를 불리언 함수에 넣어 처리하면 값은 거짓입니다.

```
bool([])
```
```
False
```

함수 any에 빈 리스트를 넣어서 실행하면 False입니다. 함수 all에 빈 리스트를 인자로 전달하면 거짓이 아니라 참이 나옵니다.

함수 all은 빈 값이 들어와서 객체일 경우는 항상 참으로 처리합니다.

```
any([])
```
```
False
```

```
all([])
```
```
True
```

함수 객체에 대한 이름공간을 확인하는 dir 함수를 알아보기 위해 하나의 함수를 정의합니다.

```
def add(x,y) :
    return x+y
```

함수 내부의 속성과 메소드를 확인하려면 dir함수를 이용합니다. 내부에 있는 이름을 문자열을 원소로 갖는 리스트로 관리합니다. 반복문을 작성해서 내부의 속성과 메소드를 출력하면 스페셜 속성과 메소드만 출력됩니다.

```
count = 0
for i in dir(add) :
    print(i, end=", ")
    count += 1
    if count % 5 == 0 :
        print()
```

```
__annotations__, __call__, __class__, __closure__, __code__,
__defaults__, __delattr__, __dict__, __dir__, __doc__,
__eq__, __format__, __ge__, __get__, __getattribute__,
__globals__, __gt__, __hash__, __init__, __init_subclass__,
__kwdefaults__, __le__, __lt__, __module__, __name__,
__ne__, __new__, __qualname__, __reduce__, __reduce_ex__,
__repr__, __setattr__, __sizeof__, __str__, __subclasshook__,
```

함수도 객체이므로 dir 함수를 사용해서 함수 내부를 조사하면 함수 클래스에서 제공하는 속성과 메소드들을 조회할 수 있습니다.

이 속성과 메소드의 이름 앞에 __가 앞과 뒤에 붙어 있는 것은 파이썬이 자체적으로 제공하는 스페셜 (special) 속성과 메소드입니다.

스페셜 속성이나 메소드가 작동하는 것을 하나씩 실행해 보면 좋습니다.

4 함수표현식 알아보기

앞에서 함수를 정의한 후에 호출해서 사용하는 방법을 배웠습니다. 함수표현식을 사용하면 함수를 일반적인 표현식으로 나타내고 바로 실행할 수 있습니다. 이는 인공지능 분야나 AutoCAD라는 설계 프로그램에서 쓰이는 Lisp 언어에서 물려받은 것으로, 함수를 딱 한 줄로 만들어 주는 멋진 방법입니다.

함수표현식을 쓸 때는 lambda 키워드를 이용합니다. 함수 정의문과 달리, 함수 이름이 없어서 함수표현식을 사용하면 이름공간에 저장되지 않습니다. 함수표현식을 다시 사용하려면 변수에 저장해야 합니다.

간단한 기능을 작성해서 함수 매개변수에 인자로 전달하거나 값을 간단히 처리할 때 함수표현식을 많이 사용됩니다.

함수표현식은 키워드 lambda 키워드를 쓴 다음에 매개변수를 정합니다. 매개변수가 여러 개면 쉼표로 구분합니다.

함수표현식의 처리결과는 콜론을 쓴 후에 표현식으로 작성해야 합니다. 이런 이유로 함수표현식에는 반환문(return)이 없습니다.

● 람다 함수 정의하기

람다 표현식은 이름이 없어서 '익명(이름이 없는) 함수(Anonymous funcion)'라고도 합니다.

함수표현식을 작성할 때는 `lambda` 키워드를 이용합니다. 매개변수 x를 정의한 후에 콜론(:)을 씁니다. 변수를 표현식 자리에 넣어서 들어온 변수를 그대로 반환하도록 만들었습니다. 실행하면 함수표현식 객체가 만들어지지만, 변수에 저장하지 않아 아무런 처리가 안 됩니다.

```
lambda x : x

<function __main__.<lambda>(x)>
```

괄호 안에 함수표현식을 정의하고 다시 괄호를 써서 값을 넣습니다. 이렇게 넣은 값이 매개변수에 할당됩니다. 이것을 실행해서 함수를 처리하면 결괏값이 반환됩니다. 함수표현식을 변수에 저장하지 않았으므로 한번 실행됩니다.

```
(lambda x : x)(5)

5
```

함수표현식을 다시 사용하려면 함수표현식을 변수 x에 할당합니다. 함수표현식이 할당된 변수 x에 인자를 넣고 호출하면 결과가 나옵니다.

```
x = lambda x,y : x+y
```

```
x(5,5)

10
```

함수표현식을 보니 매개변수가 2개입니다. 매개변수 2개를 더해서 결과를 반환합니다.

함수표현식이 할당된 변수의 이름을 확인합니다. 함수의 이름은 __name__ 속성에 있습니다. 이 속성을 확인하면 lambda라고 표시합니다.

```
x.__name__

'<lambda>'
```

함수표현식도 하나의 객체입니다. 어떤 클래스로 만들어졌는지 확인하면 'function'이라고 출력합니다.

```
import types
```

```
type(x)
```
```
function
```

모듈 **types**를 **import**해서 LambdaType으로 확인할 수도 있습니다. **types** 모듈에 있는 클래스들은 파이썬 내부에서 제공하는 클래스들이 모여있습니다. 익명함수 함수가 객체이므로 이를 만드는 클래스는 LambdaType입니다.

LambdaType은 실제 FunctionType과 같은 것을 알 수 있습니다.

```
type(x) == types.LambdaType
```
```
True
```

```
types.FunctionType == types.LambdaType
```
```
True
```

5 ## 함수표현식을 함수의 인자로 전달하기 Python

함수가 객체이므로 함수표현식도 객체입니다. 객체는 매개변수로 전달되어 인자로 사용할 수 있습니다. 이번에는 함수표현식을 인자로 받아 사용하는 방법을 배워봅시다.

● 함수를 전달해서 처리하기

함수 하나를 만듭니다. 매개변수를 더한 결과를 반환합니다.

```
def add(x,y) :
    return x + y
```

변수 x에 10을 할당했습니다. **add** 함수를 실행할 때 함수표현식을 실행한 결과가 인자로 전달됩니다. 함수를 실행하면 결괏값을 300을 반환합니다.

람다 함수에 인자가 들어오면 인자를 두 번 곱합니다. 10이 들어가고 100이 나옵니다. **add** 함수에 100과 200이 인자로 전달됩니다. 그러면 300이 됩니다.

```
x = 10
```

```
add((lambda z : z*z)(x), 200)
```
```
300
```

함수를 인자로 전달하기 위해서 새로운 함수 **apply**를 정의합니다. 이 함수의 첫 번째 매개변수에 함수 이름을 넣고, 두 번째 매개변수에 이 함수가 계산할 값을 넣습니다.

```
def apply(func, obj) :
    return func(obj)
```

인자로 전달될 리스트 객체를 하나 만듭니다. 인자로 전달될 함수는 정의하지 않고 함수표현식을 직접 넣었습니다.

```
ll = [1,2,3,4]
```

```
apply(lambda x : [ i*i for i in x],ll)
```
```
[1, 4, 9, 16]
```

이번에는 내장클래스인 **map**과 **filter**에 함수표현식을 전달해서 처리하는 결과를 알아봅니다.

먼저 리스트 객체를 하나 만듭니다. 내장 클래스 **map**이 하는 일은 함수를 받아 들어온 객체의 원소를 변형하는 일입니다. 이때 전달을 받는 함수는 하나의 원소를 받아서 값을 변형하여 반환하는 로직으로 작성해야 합니다.

그래서 함수표현식을 작성할 때 하나의 원소를 인자로 받아 곱셈을 해서 전달하는 것입니다.

```
l = [1,2,3,4]
```

```
for i in map(lambda x: x*x, l) :
    print(i)
```
```
1
4
9
16
```

리스트 내부에 **map** 클래스를 정의하고 이름 앞에 *를 붙이면 처리된 원소가 리스트 객체 안에 원소로 들어가는 것을 볼 수 있습니다. 이런 규칙을 지정한 것은 **map** 클래스가 첫 번째 실행은 **map** 객체

를 만듭니다. 이 객체를 리스트 내에서 실행하기 위해 for문을 사용하는 것보다 별표를 붙여 간단히
처리하는 것입니다.

```
[*map(lambda x: x*x, l)]
```

```
[1, 4, 9, 16]
```

내장 클래스 filter는 원소가 많은 객체를 인자로 받아 함수의 결과가 참인 경우만 반환하도록 처리
합니다.

클래스 map과 동일하게 구성해서 처리하지만, 함수표현식 부분에 처리된 결과가 참과 거짓을 표시하
면 내부적으로 참인 경우만 출력합니다.

```
for i in filter(lambda x : (x % 2 ==0) , l) :
    print(i)
```

```
2
4
```

```
[*filter(lambda x : (x % 2 ==0) , l)]
```

```
[2, 4]
```

Column   람다함수로 함수체인 만들기

함수표현식에는 다양한 표현식이 들어올 수 있습니다. 함수표현식으로 함수를 연속해서 호출할 수도 있습니다.
함수를 연속해서 호출하는 것을 함수 체인이라고 하며, 일종의 표현식입니다. 함수 체인을 만들기 위하여 람다함
수 표현식에 다른 함수를 호출해서 처리합니다.

● 함수표현식을 이용한 체인

람다함수의 인자를 전달하기 위해 빈 리스트 객체를 변수 _list에 할당합니다.

첫 번째 함수는 전달되는 함수를 결괏값으로 반환하기 전에 _list 변수에 현재 함수의 인자를 저장합니다.

```
_list = []
```

```
def compose(x, func) :
    _list.append(x)
    return func
```

함수 체인의 마지막에서 지금까지 전달된 인자를 모두 더합니다.

```
def add(x) :
    result = 0
    for i in _list :
        result +=i
    return result + x
```

세 개의 람다함수를 만들어서 변수에 지정합니다. 첫 번째 함수는 변수 a에 할당되었고, 두 번째 함수는 변수 b에 할당되었습니다. 마지막 함수는 변수 c에 할당되었습니다.

변수 a를 실행하면 연속적으로 함수를 반환합니다. 따라서 계속 함수를 실행해서 처리합니다. 최종결과는 인자 값들의 합입니다.

```
a = lambda x : compose(x,b)
```

```
b = lambda y : compose(y,c)
```

```
c = lambda z : add(z)
```

```
a(5)(5)(5)
```

15

함수 더 알아보기

함수를 정의하고 호출해서 처리하는 방법을 알아봤습니다. 함수의 매개변수가 함수의 이름공간에서 변수로 저장되는 것도 살펴봤습니다.

이번 장에서는 다양한 매개변수를 넣고 함수를 호출할 때 인자들과 어떻게 관계를 맺는지 배워보겠습니다.

함수를 호출할 때마다 인자를 다양하게 넣어야 할 때가 있습니다. 이때 매개변수와 인자가 예외가 생기지 않게 매칭되는 방법을 알아야 합니다.

대부분 함수는 고정 매개변수에 따라 인자 수를 확정한 후 처리하지만, 가변으로 인자를 넣어서 처리할 때도 있습니다. 이 경우 특정한 표기법으로 가변인자를 매개변수가 하나로 받아서 처리합니다.

1 고정 위치 매개변수와 인자 매핑하기
Python

함수 인자를 보내는 방식은 2가지가 있습니다. 위치로 매칭하는 방법과 매개변수이름으로 매칭하는 방법입니다.

위치로 매칭하는 방법	키워드로 매칭하는 방법
def func(a, b): print(a, b, sep='-')	func('py', 'thon') func(b='thon', a='py')

인자와 매개변수 위치에 일치시키는 인자를 위치인자, 매개변수에 이름으로 일치시키는 인자를 키워드인자라고 합니다.

어떤 방식으로 인자를 함수에 보내든 상관없지만, 위치인자는 항상 키워드 인자보다 먼저 작성해야 합니다.

가능	불가능
func('py', b='thon')	func(a='py', 'thon') # SyntaxError

● 매개변수 기본값

함수를 정의할 때 매개변수의 기본값을 지정할 수 있습니다. 매개변수의 기본값을 지정한 경우에는 함수를 사용할 때 인자를 보내지 않으면 미리 지정한 기본값을 사용하여 함수를 실행합니다.

```
def func(a, b=3):
    return a + b

print(func(10, 10))
print(func(10))
```

```
20
13
```

위 함수는 함수 안의 매개변수 b가 기본값 3을 가지고 있습니다. 인자를 모두 넘겨준다면 기본값을 무시한 결과를 출력(10+10)하고, 매개변수에 매칭되는 인자가 없다면 기본값을 사용하여 연산합니다. 기본값도 없다면 함수는 에러를 발생시킵니다.

```
print(func())
```

```
-------------------------------------------------
TypeError          Traceback (most recent call last)
<ipython-input-3-df29077f637b> in <module>
----> 1 print(func())

TypeError: func() missing 1 required positional argument: 'a'
```

● 고정매개변수 알아보기

일반적으로 함수를 정의할 때 매개변수를 변수이름으로 정합니다. 변수의 개수가 정해진 방식을 고정 매개변수라고 부릅니다. 함수를 호출할 때도 매개변수의 개수에 맞춰 인자를 넣어줘야 합니다. 매개변수가 3개이면 인자도 3개 넣어줘야 한다는 겁니다.

먼저 변수 세 개를 쉼표로 구분하고 등호를 사용해서 세 개의 값을 할당하면 변수에 값이 일대일로 짝을 맺어 할당됩니다. 고정 매개변수를 처리하는 방식도 이와 같습니다.

```
a, b, c = 3,4,5
```

```
a,b,c
```

```
(3, 4, 5)
```

함수 func를 정의할 때 괄호 안에 3개의 매개변수를 쉼표로 구분해서 정의합니다.

함수 func를 호출할 때는 값을 세 개 전달합니다. 순서대로 변수에 값이 할당됩니다. 함수를 정의할 때는 매개변수는 이름공간에 저장되지 않지만, 함수를 호출할 때 변수에 값이 매칭되어 이름공간에

저장됩니다.

```
def func(x,y,z) :
    return x + y + z
```

```
func(1,2,3)
```

6

세 개의 변수를 지정하고 값을 4개 전달하면 변수와 값이 일대일로 매칭이 되지 않아 예외를 발생합니다.

```
e,f,g = 1,2,3,4
```

```
-----------------------------------------------
ValueError      Traceback (most recent call last)
<ipython-input-3-b06da6ac67e6> in <module>
----> 1 e,f,g = 1,2,3,4

ValueError: too many values to unpack (expected 3)
```

위의 변수와 값이 일대일로 매칭이 되듯이 함수의 고정 매개변수도 함수를 호출할 때 인자와 일대일로 매칭되어야 합니다.

인자가 많이 전달되면 예외가 발생합니다.

```
func(1,2,3,4)
```

```
-----------------------------------------------
TypeError       Traceback (most recent call last)
<ipython-input-3-e8c91d9d8fe8> in <module>
----> 1 func(1,2,3,4)

TypeError: func() takes 3 positional arguments but 4 were given
```

함수를 정의할 때 특정 매개변수에 초깃값을 넣으면 함수를 호출할 때 초깃값이 할당된 매개변수를 제외한 인자만 넣어도 됩니다.

```
def func(x,y,z=0) :

    return x + y + z
```

```
func(1,2)
```

매개변수 x, y, z를 0으로 초기화했습니다. func함수에 인자를 1, 2를 넣었습니다. 매개변수 x에 1, y에는 2가 할당됩니다. 매개변수 z에는 초깃값인 0이 할당되었습니다. 1, 2, 0을 더하면 3이 되겠죠?

매개변수와 인자가 동일할 때도 예외가 생기는 경우가 있습니다. 리스트, 문자열, 정수 인자를 넣어 덧셈을 실행하면 리스트와 튜플 객체가 덧셈 연산을 처리할 수 없다는 예외가 생깁니다.

```
def func_any(x,y,z) :

    return x + y + z
```

```
func_any([1,2],(1,2),"hello")
-------------------------------------------------
TypeError        Traceback (most recent call last)
<ipython-input-7-345392242740> in <module>
----> 1 func_any([1,2],(1,2),"hello")

<ipython-input-6-b55cf93e4669> in func_any(x, y, z)
      1 def func_any(x,y,z) :
      2
----> 3     return x + y + z

TypeError: can only concatenate list (not "tuple") to list
```

2 가변 위치 매개변수와 인자 매핑하기

가변 위치 매개변수를 사용하는 것은 매개변수는 하나이지만 함수를 호출할 때 호출할 때마다 인자를 다르게 전달한다는 뜻입니다.

가변 위치 매개변수를 정할 때는 변수 args 앞에 별표를 붙입니다. *args는 매개변수에 매칭되는 인자가 아무것도 없거나 하나 이상이라는 것입니다.

매개변수 이름을 args라 정해고 다양한 인자를 받아 처리하는 방법을 알아봅시다.

● 가변 매개변수 알아보기

하나의 변수에 여러 개의 값을 처리할 때, 변수이름 앞에 별표를 붙입니다. 이때 변수이름 다음에 쉼표를 쓰는 이유는 리스트 방식을 이용하기 때문입니다.

```
*a, = 1,2,3,4,
```

```
a
```
```
[1, 2, 3, 4]
```

```
type (a)
```
```
list
```

위의 코드를 실행하면 변수 a는 리스트 객체를 할당 받습니다.

함수를 정의할 때 하나의 매개변수만 정하고 변수이름 앞에 별표를 붙이면 함수를 호출할 때 인자의 개수를 원하는 대로 넣어도 된다는 뜻입니다.

매개변수에 저장된 것을 type 클래스로 확인하면 변수와 달리 변경 불가능한 튜플로 처리하는 것을 알 수 있습니다.

```
def func_var(*args) :
    return type(args)
```

```
func_var(1,2,3,4)
```
```
tuple
```

내장 함수 sum을 처리하는 방식을 알기 위해 help 함수로 도움말을 확인합니다.
첫 번째 인자에 iterable로 표시된 것을 알 수 있습니다. Iterable은 정수나 실수 객체를 원소를 가지는 객체를 인자로 전달하라는 뜻입니다.

```
help(sum)
```
```
Help on built-in function sum in module builtins

sum(iterable, start=0, /)
    Return the sum of a 'start' value (default:0)
plus an iterable of numbers

    When the iterable is empty, return the start value.
    This function is intended specifically for
use with numeric values and may
    reject non-numeric types.
```

새로운 함수를 정의해서 가변 매개변수를 받습니다. 이 매개변수를 sum 함수에 전달해서 결과를 계산합니다.

```
def func_var(*args) :
    return sum(args)
```

```
func_var(1,2,3,4,5)
```
15

내장함수 sum은 튜플 원소 하나하나를 더해서 결과를 반환하는 것을 알 수 있습니다.

print함수를 사용해 보면 가변 매개변수를 어떻게 사용하는지 이해가 잘 될 것입니다.

```
def func_var(*args) :
    for i in args :
        print(i)
    return sum(args)
```

```
func_var(1,2,3,4,5)
```
1
2
3
4
5

15

하나의 변수에 별표와 쉼표를 사용해서 여러 값을 할당하면 리스트 객체가 만들어집니다. 이 리스트 객체의 원소 개수만큼 변수를 만들고 리스트의 객체 변수 앞에 별표를 붙이면 변수와 원소가 일대일로 매칭되어서 처리됩니다.

```
*b, = 1,2,3,4
```

```
c,d,e,f = *b,
```

```
c,d,e,f
```
 (1, 2, 3, 4)

함수의 가변 매개변수를 정하고 여러 인자를 매핑하면 튜플 객체가 됩니다.

함수를 만들어서 가변 매개변수를 정의하고 이 가변 매개변수를 그대로 사용해 출력합니다. 다음 줄에는 가변 매개변수 앞에 별표를 붙여서 출력합니다.

이 함수를 호출해서 실행하면 하나는 튜플로 출력하고 다른 하나는 원소를 하나씩 출력하는 것을 볼 수 있습니다.

```
def func_var_(*args) :
    print("매개변수  저장값  출력 ",args)
    print("매개변수  원소값  출력 ",*args)
```

```
func_var_(1,2,3,4,5)
```

```
매개변수  저장값  출력   (1, 2, 3, 4, 5)
매개변수  원소값  출력   1 2 3 4 5
```

가변 매개변수를 사용하는 함수를 두 개를 만듭니다. 두 번째 함수는 가변 매개변수를 가지는 add 함수를 호출해서 실행합니다. 함수 add의 매개변수가 가변이므로 이 함수를 호출할 때는 튜플이 아닌 개별 원소로 나눠서 하나씩 전달되어야 합니다. 따라서 가변 매개변수 앞에 별표를 붙여서 처리합니다.

```
def add(*args) :
    return sum(args)
```

```
def func_var_(*args) :
    print("매개변수  저장값  출력 ",args)
    print("매개변수  원소값  출력 ",*args)
    return add(*args)
```

함수 func_var_에 5개의 인자를 전달해 호출하면 반환되는 값이 15인 것을 알 수 있습니다.

```
func_var_(1,2,3,4,5)
```

```
매개변수  저장값  출력   (1, 2, 3, 4, 5)
매개변수  원소값  출력   1 2 3 4 5
```

15

3 키워드 매개변수와 인자 처리하기

앞에서는 고정 매개변수와 가변 매개변수를 사용하는 방법을 알아봤습니다. 이번에는 변수이름과 값을 정해서 전달하는 방식을 살펴보겠습니다. 이런 매개변수 처리 방식을 '키워드 매개변수'라고 합니다.

키워드 매개변수도 반드시 처리되어야 하는 고정방식과 다양한 키워드 인자를 처리하는 가변방식이 있습니다. 고정과 가변을 넣으면 고정을 먼저 처리하고 그 다음에 가변을 처리합니다.

예제로 자세히 알아봅시다.

● 키워드 매개변수와 인자 처리하기

함수를 정의할 때 키워드 매개변수를 알아보기 위해 괄호의 첫 번째 자리에 별표만 표시했습니다. 이 것은 키워드 매개변수보다 앞에 오는 매개변수를 처리하지 않는다는 뜻입니다. 별표 표시는 가변 위치 매개변수를 처리하지 않는다는 것을 표기하면서 고정과 가변 키워드 인자만 처리한다는 뜻이 내포되어 있습니다.

가변 키워드 인자는 별표 두 개를 변수 kwargs 앞에 붙여 씁니다. 변수이름을 kwargs 대신에 다른 것을 사용해도 되지만, 보통 kwargs라는 이름을 씁니다.

```
def func_kw(*,x,y,z, **kwargs) :
    print("고정 키워드 ",x,y,z)
    print("가변 키워드 ", kwargs)
```

고정 키워드 인자는 매개변수 이름을 정해서 넣습니다. 이때 순서는 바뀌어도 상관이 없습니다. 'x=10, y=33, z=13'이나 'x=10, z=13, y=33'은 같은 일을 합니다.

고정 키워드는 'x=10'과 같이, 매개변수에 값을 직접 할당하는 것입니다. 나머지 매개변수는 가변 키워드 인자인 kwargs에 매핑됩니다.

가변 키워드 매개변수에 매핑된 것을 출력하면 딕셔너리 객체인 것을 알 수 있습니다.

```
def func_kw(*, x, y, z, **kwargs) :
    print("고정키워드 ", x, y, z)
    print("가변키워드 ",kwargs)
```

```
func_kw(x=10, z=13, y=33, a=1, b=34)
```

```
고정키워드  10 33 13
가변키워드  {'a': 1, 'b': 34}
```

```
func_kw(y=33,z=13, x=10, b=34, a=10,c=55)
```

```
고정키워드  10 33 13
가변키워드  {'b': 34, 'a': 10, 'c': 55}
```

가변 키워드 인자를 여러 개 넣어도 됩니다.

하지만 인자로 1과 같은 정숫값을 넣으면 예외를 발생합니다.

```
func_kw(1,x=10,z=13, y=33, a=10,b=34)
```

```
-----------------------------------------------
TypeError         Traceback (most recent call last)
<ipython-input-25-a1aacf4676fc> in <module>
----> 1 func_kw(1,x=10,z=13, y=33, a=10,b=34)

TypeError: func_kw() takes 0 positional arguments
 but 1 positional argument (and 3 keyword-only
 arguments) were given
```

고정 매개변수의 초깃값을 정할 수 있는 것처럼, 고정 키워드 매개변수도 초깃값을 정할 수 있습니다.

```
def func_kwd(*,x=0,y=10,z=20, **kwargs) :
    print("고정 키워드 ",x,y,z)
    print("가변 키워드 ", kwargs)
```

이 함수를 호출해서 x, y, z에 아무런 값을 할당하지 않아도 고정 키워드 매개변수에 초깃값이 정해졌기 때문에 그 값을 출력하는 것을 볼 수 있습니다.

```
func_kwd(a=100,b=200,c=300)
```

```
고정 키워드  0 10 20
가변 키워드  {'a': 100, 'b': 200, 'c': 300}
```

키워드 인자는 변수이름과 값을 = 기호와 함께 정하기 때문에 순서와 상관없이 매핑합니다.

```
func_kwd(a=100,x=100,b=200,c=300,y=333)
```

```
고정 키워드  100 333 20
가변 키워드  {'a': 100, 'b': 200, 'c': 300}
```

위의 함수를 조금 바꿔볼까요? 고정 키워드 매개변수를 리스트의 객체에 넣습니다. 두 번째는 가변 키워드 매개변수에서 값만 읽고 리스트 객체에 원소로 넣습니다. 두 개의 리스트 객체가 만들어지면 덧셈 연산을 합니다.

리스트 객체를 더하면 새로운 리스트 객체가 만들어지는데 변수 ll에 할당합니다. 리스트 객체를 sum 함수에 인자로 전달하면 리스트 객체의 원소를 전부 더한 값을 반환합니다.

```python
def func_kwd(*,x=0,y=10,z=20, **kwargs) :
    print("고정 키워드 ",x,y,z)
    print("가변 키워드 ", kwargs)
    ll = [x,y,z ] + [*kwargs.values()]
    return sum(ll)
```

이 함수를 호출하면 매개변수 z로 전달된 값은 없지만, 초깃값으로 계산된 것을 확인할 수 있습니다.

인자로 전달된 값을 다 더하면 1033이지만 z가 20이라서 1053이 출력된 것입니다.

```python
func_kwd(a=100,x=100,b=200,c=300,y=333)

고정 키워드 100 333 20
가변 키워드  {'a': 100, 'b': 200, 'c': 300}

1053
```

4 매개변수와 인자 자동 매칭하기

이번 시간에는 앞에서 배운 내용을 모두 사용해서 매개변수를 여러 개 섞어서 사용하는 방법을 알아 보겠습니다.

매개변수를 정할 때는 고정 위치 매개변수, 가변 위치 매개변수, 고정 키워드 매개변수, 가변 키워드 매개변수 순으로 정의해야 합니다.

● 다양한 인자를 사용해서 함수 정의하기

가변 위치 매개변수와 가변 키워드 매개변수를 함수의 매개변수로 정하면 가변 위치 인자와 가변 키 워드 인자 순으로 함수를 호출해야 예외 없이 실행됩니다.

```
def func_apply(*args,**kwargs) :
    print(" 가변인자  ", args)
    print(" 가변 키워드 인자", kwargs)
```

```
func_apply(1,2,3,k=10)
```

```
 가변인자   (1, 2, 3)
 가변 키워드 인자 {'k': 10}
```

가변 키워드 인자를 먼저 전달한 후에 가변 위치 인자를 넣어서 호출하면 예외를 발생합니다. 순서가 바뀌었기 때문이죠.

함수는 매개변수가 정의된 순서에 맞게 인자를 넣고 함수를 실행해야 합니다.

```
func_apply(x=1,2,3,4,y=20)

  File "<ipython-input-36-57d2105e8156>", line 1
    func_apply(x=1,2,3,4,y=20)
              ^
SyntaxError: positional argument follows keyword argument
```

가변으로 들어오는 모든 인자를 처리하는 **add** 함수를 정의했습니다. 튜플과 딕셔너리 객체로 관리하는 값들을 리스트에 넣고 계산하면 에러 없이 잘 실행됩니다.

```
def add(*args, **kwargs) :
    return sum([*args] + [*kwargs.values()])
```

```
add(1,2,3,4,5,a=100,b=200)
```

315

5 이름공간과 스코프(scope)

이름공간은 프로그래밍 언어에서 이름인 변수를 검색해서 사용 여부를 결정하는 영역입니다. 이 영역을 확인할 수 있는 범위를 스코프라고 말합니다.

모듈에 변수를 정의하는 것은 변수에 객체를 할당하는 것입니다. 파이썬에서는 이 이름공간을 딕셔너리 객체로 사용하므로 변수의 이름이 키로 저장되고 할당되는 객체가 값으로 저장됩니다.

예를 들어, x = 300이라고 했을 때 x라는 변수는 300이라는 정수 객체가 저장된 주소를 가지고 있습니다. 이런 관계가 저장된 공간이 바로 이름공간이지요.

학교에는 이름이 같은 친구들이 있습니다. 예를 들어 '홍길동'이 두 명 있다고 생각해 봅시다. 3학년 1반에도 홍길동이 있고, 3학년 3반에도 홍길동이 있습니다. 둘은 이름이 같지만 다른 홍길동입니다. '3학년 1반', '3학년 3반'을 이름공간이라고 생각하면 됩니다.

파이썬의 이름공간은 크게 세 가지로 나눌 수 있습니다.

전역 네임스페이스: 모듈별로 존재하며, 모듈 전체에 쓸 수 있는 이름을 사용합니다.
지역 네임스페이스: 함수 및 메소드 별로 존재하며 함수 내의 지역 변수들이 포함됩니다.
빌트인 네임스페이스: 기본 내장 함수 및 기본 예외들의 이름을 저장하는 곳입니다.

파이썬 변수 scope 룰은 LEGB 룰이라고 하기도 합니다. 변수가 값을 찾을 때, Local → Enclosed → Global → Built-in 순서로 찾는 것을 말합니다.

모듈에 변수를 정하고 값을 할당하면 모듈 이름공간에 변수이름은 키(key)로 들어가고 할당된 값은 키의 값이 됩니다.

일반적으로 개발환경에서 다른 모듈을 사용하려면 임포트(import)해야 합니다. 임포트하여 사용한 모듈은 이름공간에서 모듈 이름으로 관리합니다.

주피터 노트북도 하나의 파일을 열고 변수를 정의하면 전역 이름공간에 들어갑니다. 전역(全域)은 '구역의 전부'를 의미하며 전역 이름공간은 프로그램 어디에서든 사용할 수 있습니다.

● 전역 이름공간 알아보기

주피터 노트북에서 새로운 창을 열고 변수 x에 100을 할당합니다. 그러면 이 변수는 전역 이름공간에 할당됩니다.

```
x = 100
```

vars함수를 사용하면 이름공간에서 객체의 정보를 가져옵니다. 딕셔너리이므로 검색연산을 통해 변수이름을 문자열로 넣고 실행하면 값을 가져옵니다.

```
vars()['x']
```
```
100
```

이번에는 전역변수를 처리하는 **globals**함수를 실행해봅시다. 이 함수를 실행하면 전역 이름공간에서 딕셔너리 객체로 가져옵니다. 변수 x를 문자열로 넣으면 변숫값을 반환합니다.

```
globals()['x']
```

```
100
```

add라는 함수를 만들고 매개변수를 정해서 함수의 헤더를 만듭니다. 두 개의 매개변수가 들어갑니다. 함수의 몸체인 로직에는 return문에 표현식을 작성합니다. 매개변수로 들어온 두 값을 더해서 반환합니다.

```
def add(x,y) :
    return x + y
```

변수와 같은 방법으로 globals 함수를 실행하고 검색연산자에 문자열로 add를 넣습니다. 그러면 함수객체가 반환됩니다. 이렇게 만든 함수도 이름공간에 들어갑니다.

```
globals()['add']
```

```
<function __main__.add(x, y)>
```

클래스를 만들면 이름공간에 들어갑니다. 클래스 이름은 키로 등록되고 클래스를 객체로 만들어서 값으로 등록합니다. globals함수에 클래스 이름을 문자열로 넣어서 실행하면 등록된 클래스가 나옵니다.

```
class Klass :
    pass
```

```
globals()['Klass']
```

```
__main__.Klass
```

함수를 포함하여 모듈 전체에서 접근할 수 있는 변수를 전역변수(global variable)라고 합니다. 특히 전역변수에 접근할 수 있는 범위를 전역 범위(global scope)라고 합니다.

```
x = 10 #전역 변수
def func() :
    print (x) #전역 변수 출력
func ()
print(x)
```

```
10
10
```

함수는 기본적으로 모듈에서 정의합니다. 클래스 안에서 함수를 정의하면 메소드로 변환되어 처리됩니다. 또한 함수는 함수 내부에 정의도 가능합니다. 이렇게 함수를 정의하면 함수들의 계층구조가 만들어집니다.

일반적으로 가장 밖에 정의된 함수가 외부함수(outer function)이고 안에 정의된 함수가 내부함수(inner function)입니다.

● 함수에 함수 정의하기

다음과 같이 outer함수를 정의합니다. 외부함수를 정의할 때 매개변수를 하나 정합니다. 내부함수를 정의할 때도 하나의 매개변수를 정합니다. 이 예제에서는 외부함수의 매개변수를 x, 내부함수의 매개변수를 y라고 정했습니다.

```
def outer(x) :
    def inner(y) :
        return x + y
    return inner(5)
```

```
outer(10)
```

15

외부함수를 실행하면 내부함수가 외부함수의 변수 x와 내부함수의 변수 y를 더한 값을 반환합니다. outer(10)라고 코드를 작성하면 변수 x에는 10이 할당됩니다.

inner(5)를 실행하면 변수 y에는 5가 할당됩니다. 5+5를 계산한 10을 반환합니다.

outer_라는 함수를 하나 더 만듭니다. 외부함수에 있는 변수 x를 내부함수에서 값을 바꾸고 내부함수의 변수인 y를 더해서 처리하도록 만들었습니다.

```
def outer_(x) :
    def inner(y) :
        x += 1
        return x + y
    return inner(5)
```

이 외부함수를 실행하면 내부함수에서 예외가 발생합니다. 외부함수에 있는 변수 x의 값을 내부함수에서 바꿉니다. 내부함수에서 값을 바꾸기 위해서 변수 x를 찾습니다. 하지만 x라는 변수는 내부함수 이름공간에서 찾을 수 없습니다. 그래서 예외가 발생합니다.

예외가 발생하지 않도록 하려면 키워드 nonlocal을 사용합니다. 이 키워드는 지역변수가 아니라

는 것을 알려줍니다. 내부함수를 정의할 때 외부함수에 있는 변수 x를 쓰기 위해 변수 x 앞에 키워드 **nonlocal**을 사용합니다.

그러면 내부함수는 변수 x를 외부함수 이름공간에서 검색해서 그 값을 가져와 사용할 수 있습니다.

```
def outer__(x) :
    def inner(y) :
        nonlocal x
        x += 1
        return x + y
    return inner(5)
```

```
outer__(10)
```

16

함수를 포함하여 모듈 전체에서 접근할 수 있는 변수를 전역변수(global variable)라고 부릅니다. 특히 전역변수에 접근할 수 있는 범위를 전역 범위(global scope)라고 합니다.

```
x = 10 #     변수
def func() :
    print (x) #전역 변수 출력
func ()
print(x)
```

10
10

전역변수 ⟶
```
x = 10
def func() :
    print (x)
func ()
print(x)
```
전역범위

그럼 변수 x를 함수 func 안에서 만들면 어떻게 될까요?

```
In [1]: def func() :
        x = 10 #지역 변수
        print (x) #지역 변수 출력
    func ()
    print(x)
```

10

```
------------------------------------------
NameError          Traceback (most recent call last)
<ipython-input-1-353d3b44061b> in <module>
     3     print (x) #지역 변수 출력
     4 func ()
----> 5 print(x)

NameError: name 'x' is not defined
```

실행해보면 x가 정의되지 않았다는 오류가 발생합니다. 왜냐하면, 변수 x는 함수 func 안에서 만들어진 func의 지역변수(local variable)이기 때문입니다. 따라서 지역변수는 변수를 만든 함수 안에서만 접근해 사용할 수 있고, 함수 바깥에서는 접근할 수 없습니다.

지역변수에 접근할 수 있는 범위를 지역 범위(local scope)라고 합니다.

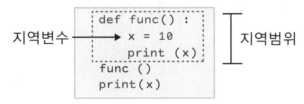

만약 함수 안에서 전역변수의 값을 변경하면 어떻게 될까요? func 함수에서 변수 x의 값을 30으로 바꿨습니다.

함수 바깥에서 print(x)라고 하면 어떤 값을 출력할까요?

함수 func 안에서 x = 30처럼 변수 x의 값을 30으로 바꿨습니다. 하지만 함수 바깥에서 print로 변수 x값을 출력해보면 10이 나옵니다. func 안의 변수 x는 전역변수인 것 같지만 실제로는 func의 지역변수입니다. 전역변수 x가 있고, func에서 지역변수 x를 새로 만드는 것입니다. 이름만 같을 뿐, 서로 다른 변수입니다.

```
x = 10 #전역 변수
def func() :
    x = 30 #x는 funce의 지역변수
    print (x) #funce의 지역 변수 출력
func ()
print(x)
```

```
30
10
```

함수 안에서 전역변수의 값을 바꾸려면 키워드 global을 사용해야 합니다. 다음과 같이 함수 안에서 전역변수 이름 앞에 키워드 global을 씁니다. 변수가 전역변수라는 뜻입니다. 그리고 값을 바꿈니다.

```
x = 10 #전역 변수
def func() :
    global x #전역 변수 x를 사용
    x = 30 #전역 변수
    print (x) #전역 변수출력
func ()
print(x)
```

```
30
30
```

전역변수가 없을 때 함수 안에서 **global**을 사용하면 그 변수는 전역변수가 됩니다.

```
def func() :
    global x #전역 변수 x를 사용
    x = 50 #전역 변수
    print (x) #전역 변수출력
func ()
print(x) #전역 변수 출력
```

```
50
50
```

파이썬에서 변수는 이름공간에 저장됩니다. 다음과 같이 **locals** 함수를 사용하면 현재 이름공간을 딕셔너리 형태로 출력할 수 있습니다.

```
x = 10
y = 2.5
a = [1, 2, 3]
b = (4, 5, 6)
c = {"key":"value"}
```

```
locals()
```

```
 'x': 10,
 'y': 2.5,
 'a': [1, 2, 3],
 'b': (4, 5, 6),
 'c': {'key': 'value'},
 '_i2': 'locals()'}
```

출력된 이름공간를 보면 'x': 10처럼 변수 x와 값 10이 딕셔너리 형태로 저장되어 있습니다. 여기서는 전역범위에서 이름공간 출력했으므로 전역 네임스페이스를 가져옵니다.

마찬가지로 함수 안에서 **locals**를 사용할 수도 있습니다. 이름공간을 보면 'x': 100만 저장되어 있습니다. 이때는 지역 범위에서 이름공간을 출력했으므로 지역 이름공간을 가져옵니다.

```python
def func():
    x = 100
    print(locals())
func()
```

```
{'x': 100}
```

파이썬은 함수를 객체로 처리하므로 함수를 변수에 할당하거나 자료구조 안에 저장할 수도 있으며, 인자(argument)로 다른 함수에 전달해서 결과를 출력할 수도 있습니다.

어떤 함수 내부에서 정의된 함수는 클로저가 될 수 있습니다. 클로저란 바깥 함수로부터 생성된 변숫값을 바꾸거나 저장할 수 있는 함수입니다.

클로저를 이해하기 위해 아래와 같이 코드를 작성해봅시다.

```python
def outer_funce() :
    message = "python"
    def inner_funce():
        print(message)
    return inner_funce()
```

```python
outer_funce()
```

```
python
```

outer_func라는 함수를 정의합니다. 이 함수는 인자를 받지 않습니다. 이 함수를 호출하면 변수 message에 python이라는 문자열 객체를 할당합니다.

이 함수 안에 inner_func라는 함수를 정의했습니다.
outer_func의 출력값으로 inner_func를 호출한 결과를 반환합니다.
inner_func가 호출되었으므로, inner_func 함수 안에 있는 print(massage)가 실행됩니다.
내부함수 inner_func는 바깥쪽 함수 outer_func의 지역변수 message를 사용할 수 있습니다.
바깥쪽 함수의 지역변수는 그 안에 있는 모든 함수에서 접근할 수 있습니다.

지금까지 바깥쪽 함수의 지역변수를 내부함수에서 사용해봤습니다. 그럼 바깥쪽 함수의 지역변수를

내부함수에서 바꾸면 어떻게 될까요?

● **클로저 환경 이해하기**

이제 함수를 클로저 형태로 만드는 방법을 알아보겠습니다. 클로저는 일반함수와 달리 자신의 영역 밖에서 호출된 함수의 변수를 사용할 수 있습니다.

내부함수에서 외부함수의 변수를 사용하면 외부함수의 변수가 자유변수됩니다. 자유변수(free variable)는 코드 블록 안에서 사용됐지만, 그 코드 블록 안에서 정의되지 않은 변수를 뜻합니다.

클로저 환경을 구성하여 내부함수가 처리할 때 외부함수의 변수도 계속 갱신처리도 하고 내부함수가 사용될 동안 외부함수의 변수를 내부함수에서 계속 사용이 가능합니다.

내부함수에서 외부함수의 변수를 nonlocal로 정의할 경우 외부함수의 변수를 바로 참조해서 갱신해 처리해도 이상이 없습니다.

클로저(closure)는 일반적인 함수와 달리 생성 당시의 상태를 저장할 수 있다는 점에서 유용하게 쓸 수 있습니다. 즉 클로저(closure)는 단어의 뜻과 달리 함수를 외부에 공개하는 것입니다.

외부함수를 정의할 때 내부함수를 실행하지 않고 반환값으로 전달합니다.

```
def closure(x) :
    def inner(y) :
        nonlocal x
        x = x * y
        return x
    return inner
```

정의된 외부함수를 실행해서 변수에 할당합니다. 이 변수에 어떤 정보가 들어가 있는지를 변수명을 셀에 지정하고 실행하면 내부함수가 저장된 것을 확인할 수 있습니다.

```
clo = closure(10)
```

```
clo
```

```
<function __main__.closure.<locals>.inner(y)>
```

다른 프로그래밍 언어와 달리 파이썬은 클로저 환경이 구성되면 __closure__속성에 클로저 환경에 구성된 자유변수의 값을 볼 수 있습니다.

이제 내부함수를 실행할 때 인자로 30을 전달해서 실행했습니다. 내부함수에서 외부함수의 변수를 갱신하고 있어 내부함수가 실행되면 외부함수의 변수에 저장된 값을 변경합니다.

__closure__ 속성에서 조회한 자유변수도 변경이 되는지 조회하면 변경된 것을 알 수 있습니다.

```
clo(30)
```

300

```
clo.__closure__[0].cell_contents
```

300

6 함수 데코레이터 알아보기

파이썬은 함수를 받아서 내부에 저장하고 이 함수를 실행할 때 다양한 공통기능을 처리할 수 있도록 만들 수 있습니다. 이런 기법을 데코레이터(Decorator)라고 합니다. 데코레이터는 '꾸미는 사람' 또는 '인테리어 디자이너' 등의 의미입니다. 자신의 방을 예쁘게 꾸미듯이 기존의 코드에 여러 가지 기능을 추가하는 방법이라고 생각하면 됩니다.

파이썬 초보자들은 데코레이터를 어려워합니다. 이 책의 내용을 자세히 읽으면 데코레이터의 개념을 확실히 이해할 것입니다.

함수 데코레이터를 만들려면 데코레이터 기능을 처리하는 함수와 실제로 실행하는 함수 두 개를 만들어야 합니다.

먼저 데코레이터 기능을 하려면 내부함수를 만드는데 그 내부함수는 항상 전달된 함수를 실행한 결과를 반환합니다.

변수에 할당할 수 있고, 다른 함수의 인자로 넘길 수 함수를 일급객체(일급시민, first class citizen)라고 합니다.

sum_two함수를 만듭니다.

```
def sum_two(a, b):
    return a + b
```

```
sum_two (1, 3)
```

4

이 함수를 변수 var에 할당해서 사용할 수 있습니다. 변수 var와 sum_two함수는 같은 객체입니다.

```
var = sum_two
```

```
var (1, 3)
```
4

```
var is sum_two
```
True

id함수로도 확인해볼까요?

```
id(var), id(sum_two)
```
(2254798650496, 2254798650496)

함수에 인자로 함수를 받아서 사용할 수 있습니다. add_to_3함수를 만듭니다. 매개변수 함수와 정수를 전달받습니다.

```
def add_to_3(func, num):
    return func(3, num)
```

```
add_to_3(sum_two, 7)
```
10

앞서 만들었던 sum_two 함수와 7를 인자로 넣습니다. 그러면 sum_two(3,7)를 실행합니다.

이런 함수의 특징으로 데코레이터를 만들 수 있습니다.

```
def alert_start(func):
    def new_func(*args, **kwargs):
        print("함수가  시작됩니다 .")
        return func(*args, **kwargs)
    return new_func
```

alert_start라는 함수를 만듭니다. 이 함수는 다른 함수를 인자로 받습니다. 이 안에 new_func라는 함수를 만듭니다. 어떤 것이 들어올지 모르니 "함수가 시작됩니다."라고 출력합니다. 그리고 인자도 들어온 함수를 반환값으로 실행합니다.

alert_start함수를 실행하면 new_func라는 함수를 반환합니다. alert_start함수에 print함수를 인자로 넣고 start_func 변수에 할당했습니다. 그리고 start_fucn함수에 "파이썬"을 인자로 넣습니다. 그러면 이 함수 안의 new_func함수를 실행합니다.

print 함수로 "함수가 시작됩니다."라고 출력합니다. 그리고 func함수는 print함수가 됩니다. 인자로 print함수가 들어왔기 때문이죠. "파이썬"이라는 문자열이 인자로 들어왔습니다. 그래서 "파이썬"이라고 출력합니다.

```
start_func = alert_start(print)
```

```
start_func("파이썬")
```
함수가 시작됩니다 .
파이썬

"함수가 시작됩니다."라고 출력하고 인자로 들어온 함수를 실행합니다.

```
alert_start(print)("파이썬")
```
함수가 시작됩니다 .
파이썬

이번에는 함수를 시작하고 "함수가 끝났습니다."라고 출력하는 함수를 만들어보겠습니다.

alert_end라는 함수를 정의하고 다른 함수를 인자로 받습니다. 이 안에 new_func라는 함수를 만듭니다.

변수 result에 인자로 들어온 함수의 결과를 할당합니다. 그리고 print 함수로 "함수가 끝났습니다."라고 출력합니다. 그 다음에 변수 result를 반환합니다.

이렇게 하면 인자로 들어온 함수를 먼저 처리하고 "함수가 끝났습니다."라고 출력합니다.

alert_end함수를 실행하면 new_func라는 함수를 반환합니다.

```
def alert_end(func):
    def new_func(*args, **kwargs):
        result = func(*args, **kwargs)
        print("함수가  끝났습니다 .")
        return result
    return new_func
```

alert_end 함수에 print함수를 인자로 넣고 end_func 변수에 할당했습니다.

그리고 end_fucn 함수에 "프로그래밍" 문자열을 인자로 넣습니다. 그러면 이 함수 안의 new_func 함수를 실행합니다.

print함수로 "프로그래밍"을 출력합니다. 그다음에 print함수로 "함수가 끝났습니다."라고 출력합니다.

```
end_func = alert_end(print)
```

```
end_func("프로그래밍 ")
```

프로그래밍
함수가 끝났습니다 .

이렇게 원래 print함수에 다른 기능을 하는 새로운 함수가 만들어졌습니다.

```
new_print = alert_start(alert_end(print))
```

```
new_print("안녕하세요 .")
```

함수가   시작됩니다 .
안녕하세요 .
함수가   끝났습니다 .

다른 함수에도 사용해 볼까요? sum_all이라는 함수를 만듭니다. 매개변수로 가변 변수 값을 전달받습니다. 이렇게 받은 값을 모두 더합니다.

```
def sum_all(*args):
    return sum(args)
```

```
sum_all(1, 2, 3, 4, 5)
```

15

이 함수 위에 @alert_start라고 코드를 작성합니다. 그러면 "함수가 시작됩니다."라는 문자열을 출력하고 sum_all함수를 호출합니다.

```
@alert_start
def sum_all(*args):
    return sum(args)
```

```
sum_all(1, 2, 3, 4, 5)
```

함수가 시작됩니다 .

15

데코레이터를 사용하지 않았다면 다음과 같이 코딩해야 합니다.

```
def sum_all(*args):
    return sum(args)
```

```
sum_fuc = alert_start(sum_all)
```

```
sum_fuc(1, 2, 3, 4, 5)
```

함수가 시작됩니다 .

15

```
alert_start(sum_all) (1, 2, 3, 4, 5)
```

함수가 시작됩니다 .

15

이렇게 데코레이터를 사용하면 함수에 여러 가지 기능을 추가할 수 있습니다.

```
@alert_end
@alert_start
def sum_all(*args):
    return sum(args)
```

```
sum_all(1, 2, 3, 4, 5)
```

함수가 시작됩니다 .
함수가 끝났습니다 .

15

파이썬 입문 A to Z

데코레이터를 사용하지 않았다면 다음과 같이 길게 코드를 작성해야 합니다.

```
alert_end(alert_start(sum_all))(1, 2, 3, 4, 5)
```

데코레이터를 사용해서 함수에 여러 기능을 추가해 보면 어떨까요?

코드를 반복할 때 재귀함수를 이용할 수 있습니다. 재귀함수는 함수 안에서 함수 자신을 호출하여 반복하는 방법입니다. 파이썬 함수는 자기 자신을 함수 안에서 호출할 수 있습니다.

```
def recursion_print():
        print("함수 실행")
        recursion_print()
```

위 파이썬 코드에서 **recursion_print**함수를 정의했습니다. 그리고 함수 안에서는 '함수 실행'을 출력하고 다시 함수를 실행했습니다. 호출한 함수가 바로 자신 자신입니다.

이렇게 되면 이론상 **recursion_print**함수는 '함수 실행'이라는 텍스트를 무한히 실행하는 무한루프에 빠지게 됩니다.

```
---------------------------------------------------------------
RecursionError                           Traceback (most recent call last)
<ipython-input-81-7328b4fe742d> in <module>
----> 1 recursion_print()

<ipython-input-80-75fa0f4921dc> in recursion_print()
      1 def recursion_print():
      2         print("함수 호출")
----> 3         recursion_print()

... last 1 frames repeated, from the frame below ...

<ipython-input-80-75fa0f4921dc> in recursion_print()
      1 def recursion_print():
      2         print("함수 호출")
----> 3         recursion_print()

RecursionError: maximum recursion depth exceeded while calling a Python object
```

파이썬은 재귀함수를 이용할 때, 반복할 수 있는 횟수가 정해져 있습니다. 하지만 재귀함수를 사용하면 손쉽게 어떤 코드를 반복해서 실행할 수 있습니다.

특히 아래와 같은 식(점화식)을 재귀함수로 쉽게 표현할 수 있습니다. 아래 식은 피보나치 수열을 나타냅니다.

$$F_n := \begin{cases} 0 & \text{if } n = 0; \\ 1 & \text{if } n = 1; \\ F_{n-1} + F_{n-2} & \text{if } n > 1. \end{cases}$$

토끼는 한 달만 자라면 임신을 할 수 있습니다. 첫 달에는 토끼가 1쌍입니다. 아직 어려서 새끼를 임신할 수 없기 때문이죠. 둘째 달부터는 새끼를 임신할 수 있습니다. 한 달 뒤 토끼는 새끼를 낳습니다. 이렇게 20개월이 지나면 토끼는 몇 쌍 있을까요?

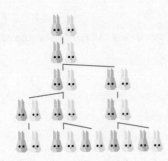

월	토끼 쌍의 수
첫째 달	1
둘째 달	1
셋째 달	2
넷째 달	3
다섯째 달	5

이렇게 어떤 수와 그 다음 수를 더하면 다다음 수가 나오는 수의 배열(수열)을 피보나치 수열이라고 합니다. 재귀함수로 이 피보나치 수열을 쉽게 만들 수 있습니다.

fib라는 함수를 만듭니다. 여기에 들어가는 매개변수 **ndms**는 개월(달)입니다. 1이 들어가면 첫째 달의 토끼 쌍을 구해야 합니다. 2가 들어가면 둘째 달의 토끼 쌍을 구해야 합니다.

코드를 작성해 볼까요?

```
def fib(n):
    if n == 1:
        return 1
    elif n == 2:
        return
```

만약 n이 1이면 1을 반환합니다. 그렇지 않고 n이 2면 2를 반환합니다. 그 외는 n이 3 이상이라는 뜻입니다. 셋째 달의 토끼 쌍의 수는 첫째 달과 둘째 달의 토끼 쌍을 더해서 구할 수 있습니다.

함수로 표현해 볼까요?

fib(3) = fib(1)+fib(2)

fib함수가 다시 **fib**함수를 호출하는 것이죠. 이것을 이렇게 표현할 수 있을까요?

"n이 1이 아니고, 2도 아니라면(else)(즉, n이 3 이상이면) f(n)는 f(n-2)와 f(n-1)를 더해서 구합니다."

재귀함수로 표현하면 다음과 같습니다.

```
def fib(n):
    if n == 1:
        return 1
    elif n == 2:
        return 1
    else:
        return fib(n-2)+fib(n-1)
```

다섯째 달이면 토끼는 5쌍이 됩니다.

```
fib(5)
```
5

8개월이 지나면 21쌍이 됩니다.

```
fib(8)
```
21

20개월이 지나면 어떻게 될까요? 무려 6765쌍이 됩니다.

```
fib(20)
```
6765

어마어마하죠?

예전에 토끼 24마리를 사냥을 위한 레저 스포츠의 목적으로 영국에서 호주로 들여왔습니다.

그중 도망친 몇 마리가 60년 후 100억 마리로 늘어났습니다.

60년은 720개월입니다. 피보나치로 계산해볼까요? `fib(720)`을 실행하면 아무 값도 나오지 않습니다.

```
In [*]:  fib(720)
```

왜 그럴까요? [*] 표시는 실행한 프로그램이 아직 끝나지 않았다는 뜻입니다. `fib(720)`를 엄청나게 많은 계산을 해야 하기 때문입니다. 피보나치 수열의 힘을 느낄 수 있나요?

모듈

이번 시간에는 파이썬 모듈(module)에 대해 배우겠습니다. 모듈에는 여러 가지 뜻이 있지만, 컴퓨터에서는 '프로그램이나 하드웨어 기능의 단위'라는 의미로 사용합니다.

파이썬의 모듈도 '프로그램의 기능 단위'를 의미합니다. 파일 단위로 작성된 파이썬 코드를 모듈이라고 부르고 프로그램을 관리하는 기준이 됩니다. 모듈을 만들면 확장자로 py를 붙여서 저장합니다. 이 모듈을 실행하면 어떤 일을 수행할 수 있습니다.

코드를 손쉽게 여러 번 사용하기 위해 함수를 사용합니다. 모듈도 마찬가지입니다. 모듈은 함수보다 상위 개념으로 코드를 재사용을 위해 사용합니다.

누군가 데이터를 분석하는 함수를 만들었다고 생각해 봅시다. 이 함수를 여러분이 다시 쓰고 싶습니다. 어떻게 해야 할까요? 함수의 코드를 모두 복사해서 여러분의 프로그램에 '붙여넣기' 합니다. 그리고 그 함수를 호출하면 됩니다. 그런데 함수의 코드를 모두 복사해서 사용하는 것은 번거로운 작업이고 잘못 복사한 경우, 오류가 생길 수도 있습니다. 나중에 함수가 업데이트될 때마다 코드를 다시 복사해서 사용해야 합니다.

그 함수가 들어있는 모듈을 임포트(import)하면 그 안에 있는 함수와 데이터를 모두 사용할 수 있습니다. 코드를 복사해서 사용할 필요가 없는 것이죠.

1 모듈 만들기

주피터 노트북에서 파일을 만들려면 %%writefile 명령어를 사용합니다. 모듈을 만들 때는 이 명령어 다음에 first.py처럼 모듈이름.확장자를 사용합니다. 모듈이름.py로 저장하는 것이죠.

모듈에 대한 설명을 처음에 해주면 좋습니다. 쌍따옴표를 앞에 세 개, 뒤에 세 개 쓰고 그 안에 모듈을 설명해주면 됩니다. 쌍따옴표를 앞, 뒤로 세 개씩 사용하면 그 안에 들어가는 문장은 주석이 됩니다. 이렇게 모듈 파일 처음이나 함수, 클래스 정의 다음 줄에 쌍따옴표로 설명해주는 것을 docstring(문서화)라고 합니다.

모듈에 변수 하나와 함수 하나를 정의합니다. 이 모듈은 직접 실행할 수 있습니다. 파이썬은 모듈을 실행하는 함수를 따로 제공하지 않습니다. 대신 제어문을 이용해서 모듈을 실행할 수 있도록 합니다.

파이썬의 __name__ 변수는 파이썬에서 쓰는 특별한 변수입니다. 모듈이 직접 실행된 것인지, 다른 모듈에서 사용하는 것인지 확인하는 용도로 사용합니다.

다음과 같이 python 모듈이름.py라고 명령어를 치면 모듈이 직접 실행됩니다.

```
C: ₩Users₩username>python first.py
```

이렇게 직접 모듈이 실행되면 __main__이라는 문자열이 __name__이라는 변수에 할당됩니다. 다른 모듈에서 사용하는 모듈이면 사용되는 모듈의 이름이 __name__ 변수에 할당됩니다.

```
%%writefile first.py
""" 처음으로  만드는  모듈입니다 .
    내부에는  변수와  함수가  하나씩  있습니다 .
"""

first_value = 100

def first_func(x,y) :
    return x * y


if __name__ == '__main__' :
    print(__doc__)
    print('first_value', first_value)
    print('first_func', first_func(10,10))
```

모듈을 작성한 후에 단축키 Shift+Enter로 파일을 저장합니다.

여기서 처음 나온 __doc__에 대해서 배워봅시다. docstring(문서화) 내용은 __doc__ 속성에 저장됩니다. 모듈의 처음 부분에서 쌍따옴표 세 개 사이에 있는 문자열이 __doc__ 속성에 저장되는 것이죠.

print(__doc__)라는 코드를 실행하면 모듈을 설명한 내용이 출력됩니다.

위에서 작성된 모듈을 직접 실행하려면 주피터 노트북 %run 명령어를 사용합니다. 이 명령어 다음에 모듈 이름을 입력해서 실행하면 모듈 내의 제어문을 실행합니다. 직접 모듈을 실행하는 경우 __main__이라는 문자열이 __name__ 변수에 할당됩니다. 그러면 조건이 참이 되겠죠?

출력된 결과를 보면 세 개의 문장이 차례대로 출력된 것을 확인할 수 있습니다.

```
%run first.py

 처음으로  만드는  모듈입니다 .
    내부에는  변수와  함수가  하나씩  있습니다 .

first_value 100
first_func 100
```

모듈을 바로 실행할 수도 있지만 대부분 다른 모듈에서 사용할 경우가 많습니다. 다른 모듈을 사용하려면 키워드 import를 씁니다. import는 '수입하다'는 뜻입니다. 물건을 수입해서 사용하듯이, 모듈

을 임포트해서 사용하는 겁니다. 모듈에서 정의된 변수를 사용하기 위해서는 모듈이름과 점 그리고 변수이름을 써서 실행합니다.

모듈이름.변수이름

```
import first
```

```
first.first_value
```
100

first 모듈의 함수도 사용할 수 있습니다.

모듈이름.함수

first.first_func를 쓰고 매개변수의 개수에 맞게 인자를 넣어서 실행합니다. 이 함수는 인자를 2개 받아서 곱하는 일을 합니다.

```
first.first_func(10,10)
```
100

모듈에 관한 설명은 __doc__ 속성에 자동으로 할당됩니다. 쌍따옴표 세 개 사이에 쓴 문자열 기억나죠?

```
first.__doc__
```
' 처음으로 만드는 모듈입니다 .\n 내부에는 변수와 함수가 하나씩 있습니다 . \n'

새롭게 작성하는 모듈에 임포트한 first 모듈에 있는 변수 first_value에 999를 할당합니다. 두 개의 모듈에 같은 변수가 있지만, 함수는 기본으로 자기가 작성된 모듈의 이름공간을 사용합니다.

파이썬은 모듈에 작성된 함수는 항상 자기 모듈을 참조하는 것을 원칙으로 합니다. 과연 그렇게 구성이 되는 지를 알아봅니다. 임포트한 first 모듈의 함수에서 __globals__ 속성을 확인하면 항상 자기가 만들어진 모듈을 참조하는 것을 알 수 있습니다.

```
first_value = 999
```

```
first.first_func.__globals__['first_value']
```
100

2 수학 모듈 알아보기

파이썬은 정말 많은 모듈이 만들어져 있습니다. 또한 파이썬으로 프로그래밍을 할 때 권고하는 사항은 만들어진 모듈을 사용하는 것입니다.

파이썬이 권고사항처럼 제공되는 모듈을 임포트(import)해서 사용해 보겠습니다.

수학 모듈처럼 파이썬이 설치되면 설치없이 사용할 수 있는 내장 모듈도 있지만 모듈을 사용하려면 추가적으로 설치가 필요합니다. 새로 설치하려면 pip를 사용해서 설치하고 임포트해서 사용할 수 있습니다.

● 수학 모듈 알아보기

수학과 관련된 여러 가지 함수를 제공하는 기본으로 내장된 모듈인 math를 사용하겠습니다. import math를 먼저 실행합니다.

모듈 안에 정의된 변수 두 개를 가져와서 어떤 값이 저장되었는지 확인합니다. 원주율인 pi와 자연상수인 e를 출력합니다.

```
import math
```

```
math.pi, math.e
```

```
(3.141592653589793, 2.718281828459045)
```

기본으로 제공하는 모듈을 새로운 모듈을 만들 때 사용하려면 그 모듈에서 임포트해서 사용하면 됩니다. 수학 모듈의 이름을 바꿔서 사용할 수 있습니다.

```
%%writefile math_.py
""" 기존 수학 모듈을 감싸서 처리하도록 만듭니다 .
"""

import math
import warnings

math_ = math


if __name__ == '__main__' :
    warnings.warn(" import해서 사용하세요 ")
```

새로운 모듈을 만들고 수학 모듈을 임포트합니다. 그리고 새로운 변수에 할당합니다.

이 모듈은 직접 실행하면 안 됩니다. 직접 실행하는 경우 경고메시지를 주도록 제어문 안에 warn함수를 사용합니다. warn함수는 warnings 모듈에 들어있습니다. warnings.warn("경고메시지")라고 코드를 작성하면 됩니다.

```
%run math_

C:\Users\dahlmoon\Documents\GitHub\python_book\
책쓰기_토마토\파이썬 기초\실습자료\m
ath_.py:11: UserWarning: import해서 사용하세요
  warnings.warn(" import해서 사용하세요 ")
```

작성된 모듈을 %run을 이용해서 실행하면 경고메시지가 출력됩니다. 직접 실행했기 때문이죠.

math_모듈을 임포트해서 사용합니다. 원주율과 자연상수를 출력하려면 어떻게 해야 할까요? 모듈 이름을 쓰고 math 모듈이 할당된 변수명을 쓰고 pi, e 변수를 사용하면 됩니다.

```
import math_
```

```
math_.math_.pi, math_.math_.e
```
```
(3.141592653589793, 2.718281828459045)
```

수학 모듈의 다른 함수도 사용해 볼까요? 소수점을 어떻게 없애서 가장 가까운 정수로 변환하는 지를 알아봅니다.

먼저 ceil함수를 사용하면 인자로 전달된 값보다 큰 정수 중에서 가장 작은 정수를 반환합니다. 이 처리를 보면 소수점 값과 상관없이 더 큰 정수를 처리하는 것을 알 수 있습니다.

```
math_.math_.ceil(3.14)
```
```
4
```

소수점 실수를 floor함수에 넣으면 인자로 전달된 값보다 작은 정수 중 가장 큰 정수를 반환합니다. 이 처리를 보면 소수점 값과 상관없이 더 작은 정수를 처리하는 것을 알 수 있습니다.

```
math_.math_.floor(3.14)
```
```
3
```

이번에는 소수점 이하에 대한 반올림을 지정해서 처리할 수 있는 내장함수를 알아봅시다. round함

수는 반올림할 때 자릿수를 지정할 수도 있습니다.

round(반올림할 수, 자리수)

0을 인자로 전달하면 소수점 첫째 자리에서 반올림하고 소수점 이하의 수는 사라집니다.

```
round(3.14,0), round(3.51,0)
```
(3.0, 4.0)

자릿수는 반올림해서 소수점 이하 몇 번째 자릿수까지 보여줄지 정합니다.

```
round(3.14, 1)
```
3.1

```
round(3.156, 2)
```
3.16

자릿수에 음수를 넣으면 정숫값을 기준으로 반올림합니다.

```
round(1432.156, -1)
```
1430.0

-1로 정하면 반올림해서 십의 자리까지 보여줍니다.

```
round(1432.156, -1)
```
1430.0

-2로 정하면 반올림해서 백의 자리까지 보여줍니다.

```
round(1432.156, -2)
```
1400.0

3 키워드 모듈 알아보기

파이썬 프로그램 언어도 다른 프로그램 언어들처럼 언어 내에서 중요한 이름을 키워드로 사용합니다. 이 키워드는 프로그램을 작성할 때 다른 용도로 사용할 수 없고 프로그램언어에서 정의한 대로만 사용이 가능합니다.

어떤 키워드들이 있는 지를 알아봅시다.

● **키워드 알아보기**

어떤 키워드가 있는지 알아보기 위해서는 keyword모듈을 사용해야 합니다. keyword모듈에 들어있는 함수나 변수를 사용해서 키워드를 확인하겠습니다.

import keyword를 실행하면 모듈을 사용할 수 있습니다.

keyword 모듈에 있는 kwlist라는 변수에 키워드가 저장되어 있습니다. len함수로 몇 개가 있는지 확인합니다.

```
import keyword
```

```
len(keyword.kwlist)
```
35

변수 kwlist는 리스트의 객체이므로 키워드 보기 위해 슬라이스로 검색해서 차례대로 키워드를 확인하겠습니다. 우선 0번부터 16번까지 키워드를 확인합니다.

```
keyword.kwlist[:17]
```
```
['False',
 'None',
 'True',
 'and',
 'as',
 'assert',
 'async',
 'await',
 'break',
 'class',
 'continue',
 'def',
 'del',
 'elif',
 'else',
 'except',
 'finally']
```

슬라이스 검색으로 나머지를 키워드를 확인해보겠습니다.

```
keyword.kwlist[17:]
```
```
['for',
 'from',
 'global',
 'if',
 'import',
 'in',
 'is',
 'lambda',
 'nonlocal',
 'not',
 'or',
 'pass',
 'raise',
 'return',
 'try',
 'while',
 'with',
 'yield']
```

이 키워드를 보면 문장을 작성할 때 사용하는 것과 특정 연산자로 사용하는 단어가 들어있는 것을 볼 수 있습니다.

Column 정규표현식

파일도 내부는 문자열로 구성됩니다. 이런 문자열에 대해 특정 패턴을 확인하고 이 정보만을 가져와서 사용할 때가 있습니다. 예를 들어 파일에서 주민등록번호, 전화번호와 같은 정보만 가져올 수 있습니다. 이렇게 원하는 정보만 가져오는 것을 '파싱'이라고 합니다.

파싱을 하기 위해서는 정규표현식을 알아야 합니다. 정규표현식(Regular Expressions)은 복잡한 문자열을 처리할 때 사용하는 방법입니다. 정규표현식을 줄여서 정규식이라고도 합니다. 정규표현식은 잘 배워두면 유용하게 사용할 수 있습니다.

● 문자열 파싱하기

파이썬은 문자열을 파싱하는 모듈인 re를 제공합니다. 이 모듈에 있는 다양한 함수를 사용해서 문자열을 파싱할 수 있습니다. re 모듈을 임포트합니다.

문자열 객체를 아래 그림과 같이 만듭니다.

```
import re
```

여기서 한글 이름과 % 앞에 있는 숫자만 파싱하고 싶습니다.

```
my_string = "고요한 -30% / 지나 - 23.33%"
```

정규표현식에는 다양한 메타 문자를 사용합니다. 메타 문자(meta characters)는 원래 그 문자가 가진 뜻이 아닌 특별한 용도로 쓰는 문자를 말합니다. 메타 문자에는 . ^ $ * + ? { } [ ] \ | ( ) 등이 있습니다.

정규표현식에 이와 같은 메타 문자가 쓰이면 특별한 의미를 갖게 됩니다. 가장 먼저 알아볼 메타 문자는 바로 문자 클래스(character class)인 [ ]입니다. 대괄호 사이에는 어떤 문자도 들어갈 수 있습니다.

문자 클래스로 만들어진 정규표현식은 '[와] 사이의 문자들과 매치'하라는 의미를 갖습니다.

정규표현식이 [abc]라면 이 표현식의 의미는 'a, b, c 중 하나의 문자와 매치'한다는 뜻입니다. 문자열 "a", "bet", "duck"가 정규식 [abc]와 어떻게 매치되는 지 살펴보겠습니다.

◆ "a"는 정규식과 일치하는 문자인 "a"가 있으므로 매치
◆ "bet"는 정규식과 일치하는 문자인 "b"가 있으므로 매치
◆ "duck"는 정규식과 일치하는 문자인 a, b, c 중 어느 하나도 포함하고 있지 않으므로 매치되지 않음

[ ] 안의 두 문자 사이에 하이픈(-)을 쓰면 두 문자 사이의 범위(From~To)를 지정합니다. 예를 들어 [a-c]라는 정규표현식은 [abc], [0-5]는 [012345]와 같습니다.

다음은 하이픈을 이용한 문자 클래스 예입니다.

◆ [a-zA-Z] : 알파벳 모두
◆ [0-9] : 숫자
◆ [가-히] : 한글 문자 모두

다음 정규식을 살펴봅시다.

a*nt

이 정규식에는 반복을 의미하는 * 메타 문자가 사용되었습니다. 여기서 *의 의미는 *바로 앞에 있는 문자 a가 0부터 무한히 반복될 수 있다는 뜻입니다. a문자를 한 번도 쓰지 않을 수도 있고, 10000번도 쓸 수 있습니다.

문자열 "nt", "ant", "aaant"가 정규식 [a*nt]와 어떻게 매치되는지 살펴보겠습니다.

- "nt"는 "a"가 0번 반복되므로 매치
- "ant"는 "a"가 1번 반복되므로 매치
- "aaant"는 "a"가 3번 반복되므로 매치

method	목적
match()	문자열의 처음부터 정규식과 매치되는지 조사한다
search()	문자열 전체를 검색하여 정규식과 매치되는지 조사한다
findall()	정규식과 매치되는 모든 문자열(substring)을 리스트로 리턴한다.
finditer()	정규식과 매치되는 모든 문자열을 iterator로 리턴한다.

앞에서 만든 문자열 객체에서 한글 문자를 인식하기 위해 [가-히]를 지정하고 3개 자리 문자열, 2개 자리 문자열이므로 *를 표시해서 문자열에 문자가 없거나 있는 만큼 구분을 한다는 것을 표시했습니다.

문자와 숫자를 분리하는 기준은 슬래시이지만, 이 패턴이 계속 발생되어 하나와 매칭되는 정규표현식을 만든 것을 re.findall 함수를 이용해서 문자열을 파싱한 후에 변수에 할당합니다.

```
r = re.findall('([가-히]*) - (\S+)%', my_string)
```

파싱되어 처리된 결과를 확인하면 한글 이름과 % 내의 숫자만 들어온 것을 알 수 있습니다.

```
r
```

```
[('고요한 ', '30'), ('지나', '23.33')]
```

 클래스

객체지향(object-oriented) 개념은 객체들이 실제 활동하면서 프로그램을 처리하는 것을 말합니다. 이 객체를 어떻게 만들어야 하는지 그 기준을 지정해야 합니다. 이를 클래스(class)라 합니다.

객체의 종류는 다양하기 때문에 이 객체들을 추상화해서 하나의 그룹으로 분류해서 기준을 정해야 합니다. 이렇게 분류된 기준에 따라 클래스가 만들어집니다.

객체지향이라는 용어는 쉽지 않고, 클래스란 단어도 사용하기가 어렵습니다. 따라서 이번 장에서 예제를 만들어보면서 차근차근 개념을 알아보려고 합니다.

클래스는 데이터와 데이터를 처리하는 함수인 메소드를 같은 공간에서 작성된 것을 말합니다. 파이썬에서는 모든 것이 객체이며, 바로 이 객체를 클래스로 만들어야 합니다.

다시 말해 파이썬의 원리는 클래스를 정의하고 객체를 만드는 것이죠. 실제로도 이렇게 만들어진 객체를 이용하여 시스템이 작동됩니다.

클래스를 정의하면 이 클래스에서 만드는 객체의 기준이 확정되는 것입니다. 클래스에 있는 다양한 함수를 객체가 사용하게 되면 메소드화 해서 처리되는 것도 알아둡시다.

이번 장에서는 클래스를 정의하고 객체를 생성하고 소멸하는 방법을 알아봅니다. 또한, 클래스와 객체의 속성을 구분해 봅니다.

1 클래스 정의하기

클래스를 정의할 때 사용하는 키워드는 class입니다. 클래스를 정의하는 것은 다양한 객체를 만드는 틀을 만드는 것입니다.

클래스 키워드 class에 다음에 클래스 이름을 정합니다. 그 다음 괄호에는 상속관계를 표시할 수도 있습니다. 단순히 object만 상속한다면 괄호를 사용하지 않아도 됩니다. 그리고 콜론을 붙입니다.

그 다음부터 여러 가지 속성과 함수를 작성합니다.

> 클래스의 기본 구조
>
> class 클래스 이름:
>
> 　　속성 1
> 　　속성 2
>
> 　　...
>
> 　　함수 1
> 　　함수 2
>
> 　　...

● 클래스 정의하기

키워드 **class** 다음에 Klass를 클래스 이름으로 정했습니다.

괄호 안에는 **object**를 넣었습니다. **object** 클래스를 상속한다는 뜻이죠. 콜론을 붙여서 클래스의 헤더(header, 머리) 부분을 완성합니다.

클래스 바디(body 몸체) 부분에 **pass**문을 작성합니다. **pass**문을 사용하면 아무 일도 하지 않습니다. 임시로 코드를 작성할 때 주로 사용합니다.

이 클래스 이름으로 변수 **Klass**가 만들어집니다. 이 변수를 실행하면 아래와 같이 클래스 객체를 알려줍니다. 출력된 정보를 확인해볼까요, 현재 작성 중인 모듈(__main__) 안에 정의된 Klass라는 클래스인 것을 알 수 있습니다.

```
class Klass(object):
    pass
```

```
Klass
```

    __main__.Klass

클래스를 정의할 때 괄호 안에 **object**를 넣지 않아도 됩니다.

클래스 내부에 **pass**문만 작성해도 클래스를 가지고 객체를 만들 수 있습니다.
객체를 만들 때는 아래와 같이 코드를 작성합니다.

    변수이름 = 클래스이름()

클래스를 실행해서 객체를 만들고 변수 k에 할당합니다. 변수 k를 실행하면 모듈 이름.클래스 이름.객체 레퍼런스가 16진수로 출력됩니다.

```
k = Klass()
```

```
k
```

    <__main__.Klass at 0x504b8d0>

객체가 메모리의 0x504b8d0에 만들어지고, k라는 변수가 이 주소를 가리키게 됩니다. 이 주소를 레퍼런스라고 합니다. 이렇게 변수 k에 Klass 클래스로 만든 객체를 할당하는 것이죠.

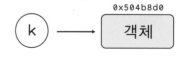

Klass 클래스로 다른 객체를 하나 더 만듭니다. 두 객체는 내부에 아무것도 없지만 서로 다른 객체입니다.

```
k1 = Klass()
```

```
k1
```

```
<__main__.Klass at 0x504bcc0>
```

두 개의 객체가 저장된 변수를 이용해서 객체의 레퍼런스를 정수
로 바꿀 수 있습니다.

이때 사용되는 함수가 id입니다. id함수에 객체를 넣어서 실행하
면 정숫값이 다른 것을 알 수 있습니다. 서로 다른 객체라는 뜻이
죠.

```
id(k), id(k1)
```

```
(84195536, 84196544)
```

2 클래스에 메소드 만들기

파이썬에서 함수를 정의할 때는 키워드 def를 사용합니다. 클래스를 정의할 때는 항상 키워드로
class를 사용합니다.

앞 장에서 속성에 대해 알아봤습니다. 이번에는 함수가 어떻게 메소드로 변환되어 처리되는지를 알
아보겠습니다.

함수에 데코레이터 방식을 이용해서 클래스 메소드와 정적 메소드로 변환하는 것도 알아봅니다.

앞에서 정의한 Klass 클래스에는 속성이나 함수가 없습니다. 그래서 객체를 만들었어도 할 수 있는
일이 없습니다. 이 클래스에 사용자로부터 데이터를 입력받고 이것을 저장하는 기능을 하는 함수를
만들어보겠습니다.

```
class klass():
    def set_info(self, name, age):
        self.name = name
        self.age = age
```

클래스에 set_info라는 함수를 정의합니다. 클래스 안에 함수를 정의할 때와 마찬가지로 키워드

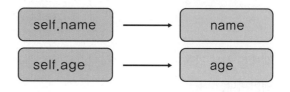
def를 사용합니다. set_info 는 3개의 매개변수를 받습니다. name, age는 사용자가 직접 입력한 데이터를 전달할 때 사용하는 인자입니다.

그렇다면 함수의 첫 번째 인자인 self는 무엇일까요? 파이썬 클래스에서 self의 의미를 정확히 이해해야 합니다. 하지만 여기선 첫 번째 인자는 반드시 self여야 한다고 기억하길 바랍니다.

사용자에 매개변수 name과 age에 값을 전달하면 self.name과 self.age에 할당됩니다.

'self.변수이름'과 같은 형태를 띠는 변수를 객체 속성이라고 합니다. self.변수는 나중에 만

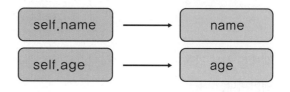

들 객체 안에 있는 속성을 의미합니다. 클래스를 정의할 때 생성할 객체를 어느 변수에 저장해서 사용할 지를 모르기 때문에 self라는 변수를 대신 사용하는 것입니다.

객체를 만들어서 변수 k2에 할당했다고 생각해 봅시다. self.name은 k2.name을 의미하는 것이죠. 객체 이름을 적고 '.'를 붙이고 이름을 써서 특정 속성에 접근해서 사용할 수 있습니다.

```
k2 = klass()
k2.set_info("파이썬", 30)
```

Klass 클래스에서 객체를 만들어서 k2에 할당합니다. 매개변수 name에 "파이썬"을, age에는 30을 전달합니다. 그러면 k2 객체 속성인 name에 "파이썬", age에는 30이 할당됩니다.

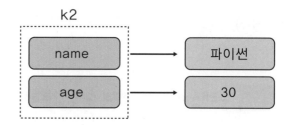

k2 객체 변수 name과 age 값을 확인합니다.

```
k2.name, k2.age
```

('파이썬', 30)

이름과 나이를 출력해주는 함수를 하나 더 만들어보겠습니다. print_info를 정의하고 그 안에 print함수를 사용해서 이름과 나이를 출력합니다. 클래스 내부에 정의된 함수의 인자로 항상 self 가 들어가야 합니다. self를 빼면 사실 인자가 없는 것입니다.

```
class klass():
    def set_info(self, name, age):
        self.name = name
        self.age = age
    def print_info(self):
        print("이름 : ", self.name)
        print("나이 : ",self.age)
```

객체를 하나 만들어서 **set_info**메소드에 이름과 나이를 넣습니다. 그리고 **print_info**메소드를 실행합니다.

```
k3 = klass()
k3.set_info("파이썬", 30)
```

```
k3.print_info()
```

```
이름 :   파이썬
나이 :   30
```

인스턴스는 클래스 내의 함수를 검색해서 이를 인스턴스 메소드로 변환해서 실행 작업을 합니다. 함수와 메소드를 어떻게 구분하는지는 뒤에서 알아봅니다.

3 클래스 속성과 객체 속성 구분하기

모듈과 함수에 이름을 정의하고 값을 할당해서 사용하는 것을 변수(Variable)라고 합니다. 속성 (Attribute)은 클래스나 객체에 이름을 정의하고 값을 할당해서 사용하는 것입니다. 즉 클래스나 객체 내에 지정된 변수가 속성입니다.

변수는 함수나 모듈 내의 이름공간을 검색해서 내부에 들어있는 값을 조회하거나 갱신합니다. 속성을 검색하기 위해서는 이 속성이 속한 클래스나 객체의 이름공간을 먼저 확인해야 합니다.

속성도 클래스나 객체에 각각 만들어져 있고 먼저 접근하는 방식도 지정되어 있습니다.

● **클래스와 객체 속성 구분하기**

클래스 이름으로 직접 접근하는 속성이 클래스 속성이고, 객체 이름으로 직접 접근하는 속성이 객체 속성입니다. 클래스 속성을 객체가 직접 접근해서 사용할 수도 있습니다. 속성을 접근할 때 왜 클래스 이름과 객체 이름으로 접근하는지 알아봅시다.

주피터 노트북 파일을 하나 만드는 것은 파이썬에서는 하나의 모듈을 정의하는 것과 같이 처리합니다.

빈 셀에 변수를 할당하면 이 변수는 전역변수로 모듈 내에서는 언제라도 사용이 가능한 변수입니다.

```
global_var = " 전역  변수"
```

클래스 Klass를 정의할 때 클래스 내에 정의된 변수를 클래스 속성이라고 합니다. 클래스 내에 정의되었다는 것은 클래스 이름으로 접근하라는 뜻입니다.

함수 __init__ 내에 self를 이용해서 정의한 변수가 객체 속성입니다. 객체 속성도 접근할 때는 self를 사용해서 접근합니다.

함수 getG를 정의하고 반환값으로 모듈에 만들어진 전역변수를 그대로 반환합니다. 함수 getC는 type(self)를 실행한 결과인 클래스의 레퍼런스로 접근해서 조회하면 그 내부의 클래스 속성을 반환합니다.

함수 getI는 self를 사용해 객체의 속성에 접근했습니다.

```python
class Klass:
    class_attr = " 클래스  속성"

    def __init__(self, in_attr) :
        self.instance_attr = in_attr

    def getG(self) :
        return global_var

    def getC(self) :
        return type(self).class_attr

    def getI(self) :
        return self.instance_attr
```

Klass 이름에 인자를 하나 넣어서 객체를 생성합니다. 이 객체를 가지고 내부의 함수를 메소드로 변환해 실행하면 함수와 같은 결과를 표시합니다.

모듈에 정의된 전역변수는 동일한 모듈 내에 정의된 클래스나 함수에서 직접 접근해서 처리할 수 있습니다.

```
k = Klass("인스턴스 속성")
```

```
k.getG()
```
' 전역 변수 '

이제 getC, getI 메소드를 실행하면 객체 속성과 클래스 속성을 참조한 것을 볼 수 있습니다.

```
k.getC()
```
' 클래스 속성 '

```
k.getI()
```
'인스턴스 속성 '

4 self의 뜻

앞에서 클래스 안에 정의된 함수의 첫 번째 인자는 항상 self여야 한다고 했습니다. 하지만 첫 번째 인자가 항상 self이지 않아도 됩니다.

함수를 정의할 때 self가 참 헷갈립니다. self의 정체를 확실히 알아봅시다.

먼저 다음과 같이 두 개의 함수가 정의된 Func 클래스를 만들어봅시다. 여기서 중요한 것은 func1()의 첫 번째 인자는 self가 아니지만, 클래스를 정의할 때 에러가 발생하지 않는다는 점입니다.

```
class Func:
    def func1():
        print("function1")
    def func2(self):
        print("function2")
```

클래스를 정의했으니 이 클래스로 인스턴스를 만들어보겠습니다. 그리고 인스턴스 메소드를 호출해보겠습니다. 만들어진 객체를 가지고 func1 메소드를 호출해 볼까요?

```
f = Func()
```

```
f.func1()
```

```
----------------------------------------------

TypeError          Traceback (most recent call last)
<ipython-input-5-d7d514da12af> in <module>
----> 1 f.func1()

TypeError: func1() takes 0 positional arguments but 1 was given
```

오류가 생깁니다. 오류 메시지를 보면 "func1()은 인자가 없지만 하나를 받았다"인 것을 알 수 있습니다.

객체가 함수를 메소드로 전환할 때 첫 번째 인자로 항상 인스턴스가 전달되기 때문에 발생하는 문제입니다.

이번에는 func2 메소드를 호출해볼까요?

```
f.func2()
```

```
function2
```

Func 클래스의 func2 함수는 함수의 인자가 self뿐이므로 실제 객체가 메소드를 호출할 때는 인자를 전달할 필요가 없습니다.

이번에는 self의 정체를 좀 더 확실히 밝히기 위해 파이썬 내장함수인 id를 이용해 인스턴스가 할당된 메모리 주솟값을 확인해보겠습니다.

다음 코드처럼 Func 클래스를 새로 정의합니다. func2 함수가 호출될 때 인자로 전달되는 self의 id 값을 화면에 출력하는 기능을 추가했습니다.

Func 클래스를 새롭게 정의했으므로 인스턴스를 다시 만든 후 id() 내장함수를 이용해 인스턴스가 할당된 메모리 주소를 확인해봅시다.

Func3은 인자가 self뿐이므로 실제 호출할 때는 인자를 전달할 필요가 없습니다.

내장 함수인 id를 이용해 인스턴스가 메모리에 할당된 주솟값을 확인해보겠습니다. 다음 코드처럼 Func 클래스를 다시 정의합니다. func3가 호출되면 인자로 전달되는 self의 id 값을 화면에 출력합니다.

```
class Func:
    def func1():
        print("function 1")
    def func2(self):
        print("function 2")
    def func3(self):
        print(id(self))
```

```
f = Func()
```

```
id(f)
```
2458802201544

생성된 인스턴스가 메모리의 2458802201544번지에 있음을 알 수 있습니다. 메모리 주솟값인 레퍼런스는 컴퓨터마다 다른 값이 나올 수도 있습니다.

위 코드에서 f와 생성된 인스턴스의 관계를 그림으로 나타내면 아래와 같습니다.

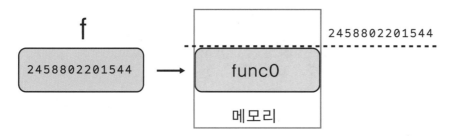

Func 클래스에 대한 인스턴스는 메모리의 2458802201544번지부터 할당돼 있고, 변수 f는 인스턴스의 주솟값을 갖고 있습니다.

인스턴스 메소드인 func3를 호출합니다. 그러면 인스턴스의 주솟값을 출력합니다.

```
f.func3()
```
2458802201544

여기서 알 수 있는 점을 무엇일까요? 클래스 안에 정의된 self는 클래스 인스턴스라는 것입니다.

이렇게 함수를 정의할 때 첫 번째 인자인 self는 객체를 이용해서 메소드로 변환되면 첫 번째 인자에 인스턴스의 레퍼런스가 자동으로 할당됩니다. 많은 사람이 관행적으로 self를 매개변수로 사용하지만, 다른 이름을 사용해도 됩니다. self 대신 name이라고 이름을 바꿔도 코드가 잘 작동하는 것을 볼 수 있습니다.

```
class Func1:
    def func1(name):
        print("function 1")
```

```
f1 = Func1()
```

```
f1.func1()
```
```
function 1
```

클래스 이름으로 함수를 호출할 수 있습니다. 클래스이름.함수(인스턴스)라고 코드를 작성하면 됩니다. 위에서 정의된 Func클래스로 인스턴스를 생성하고 아래와 같이 코드를 작성합니다.

```
f2 = Func()
```

```
Func.func2(f2)
```
```
function 2
```

```
Func.func3(f2)
```
```
2458802201600
```

클래스를 하나 만들고 그 안에 **set_data**함수를 정의합니다.

```
class Klass():
    def set_data(self, first, second):
        self.first = first
        self.second = second
```

k라는 객체를 만듭니다.

```
k = Klass()
```

아래 그림을 보면 입력한 값들이 어떻게 함수에서 메소드로 변환되었는지를 쉽게 이해할 수 있습니다. self가 어떤 뜻인지 잘 이해하길 바랍니다.

```
k.set_data(1,2)
```

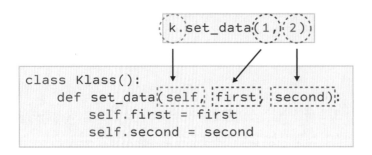

---

5 생성자, 초기화, 소멸자 알아보기

클래스는 인스턴스 객체를 생성해서 여러 가지 일을 합니다. 인스턴스 객체를 생성하자마자 어떤 일을 해야 할 때가 있습니다. 이렇게 인스턴스 객체를 만들면 자동으로 호출되는 함수가 있습니다. 이 함수가 생성자(Constructor)입니다. 생성자는 C++나 자바와 같은 객체지향 프로그래밍 언어에도 있는 개념입니다.

인스턴스가 처음 생성되면 여러 가지 속성을 할당해야 하는 데 이때 사용하는 것이 초기화(initialize)입니다. 인스턴스 객체를 없앨 수도 있습니다. 인스턴스 객체를 없앨 때 호출하는 메소드를 소멸자(destructor)라고 합니다.

파이썬에서 객체를 생성할 때는 아래와 같이 생성자를 사용합니다.

변수이름 = 클래스 이름()

생성자로 객체 생성을 호출받으면 먼저 __new__를 호출합니다. 이렇게 __로 시작하는 메소드는 특별한 메소드(special method)입니다. 하나의 생성자 함수만 가지는 클래스를 하나 정의합니다.

```python
class Klass:
    def __new__(cls):
        print("객체가 생성되었습니다 .")


k = Klass()
```

객체가 생성되었습니다 .

cls는 클래스 객체 레퍼런스를 의미하고 self와 같은 역할을 하는 매개변수입니다.

파이썬에 __init__함수가 있습니다. 특별하게 약속된 초기화(initialize) 함수라고도 합니다. init 은 initialize의 줄임말입니다. __new__메소드가 실행되면 아무런 속성이 없는 객체만 만드므로 __ init__함수를 호출하여 객체에서 사용할 값을 초기화합니다. 여러 책에서 __init__함수를 생성자 로 소개하는데 그렇지 않습니다.

```python
class Klass:
    def __new__(cls, name, age):
        print("객체가  생성되었습니다 .")
        return object.__new__(cls)

    def __init__(self, name, age):
        print("객체를  생성할  때 초기화가  실행됩니다 .")
        self.name = name
        self.age  = age
```

__init__함수는 3개의 매개변수 self, name, age를 지정합니다. 인스턴스를 생성할 때 self를 제 외한 name과 age를 받아서 처리합니다. 이때 self 매개변수에 자동으로 인스턴스의 메모리 주솟값 인 레퍼런스를 인자로 전달한다는 것 기억나죠?

그런데 자세히 보면 __new__함수의 코드가 바뀐 것을 알 수 있습니다. 생성자(__new__)가 하는 일 은 객체를 만드는 것입니다. 객체를 만들기 위해 object 클래스의 생성자를 이용해 만든 것을 알 수 있습니다.

클래스를 정의할 때 괄호 안에 아무것도 넣지 않으면 자동으로 object 클래스를 상속합니다. 그러면 object의 속성과 메소드를 사용할 수 있게 됩니다. 상속에 대해서 나중에 자세히 설명할 겁니다.

객체를 만들기 위해 object 클래스의 생성자를 이용해 만듭니다.

객체를 생성해볼까요?

우리가 앞에서 배웠던 대로 변수이름 = 클래스이름()으로 코드를 작성하면 오류가 발생합니다.

```python
k = Klass()

------------------------------------------------
TypeError      Traceback (most recent call last)
<ipython-input-6-3a8c6dd6de7e> in <module>
----> 1 k = Klass()

TypeError: __new__() missing 2 required positional
 arguments: 'name' and 'age'
```

2개의 인자를 넣지 않았다는 오류 메시지를 확인할 수 있습니다.

따라서 클래스를 이용해서 인스턴스를 생성할 때는 클래스 이름에 인자를 넣어야 합니다.

이 객체를 가지고 name과 age 속성에 접근하면 인스턴스에 저장된 값을 출력합니다.

```
k = Klass("파이썬", 33)
```

객체가 생성되었습니다.
객체를 생성할 때 초기화가 실행됩니다.

```
k.name
```

'파이썬'

```
k.age
```

33

객체를 삭제할 때는 del 키워드와 객체 이름을 붙여 실행하면 삭제됩니다. 삭제될 소멸자는 만들어진 객체를 삭제하는 것입니다. 키워드 del 다음에 객체가 저장된 변수를 넣고 실행하면 변수가 사라집니다. 이 변수를 다시 조회하면 실제 이름공간에 없으므로 정의가 안 되었다는 예외가 발생합니다.

```
del k
```

```
k
```

```
-----------------------------------------------
NameError        Traceback (most recent call last)
<ipython-input-11-141b3ea3f03f> in <module>
----> 1 k

NameError: name 'k' is not defined
```

이번에는 생성자와 소멸자를 정의한 클래스 Delete를 만듭니다. 파이썬에서 함수는 __del__로 작성합니다.

클래스 내에 지정한 소멸자가 실행되는지 확인하기 위해 함수에 print함수를 넣었습니다.

```
class Klass:
    def __new__(cls, name, age):
        print("객체가  생성되었습니다 .")
        return object.__new__(cls)

    def __init__(self, name, age):
        print("객체를 생성할 때 초기화가 실행됩니다.")
        self.name = name
        self.age = age

    def __del__(self):
        print("객체가  삭제되었습니다 .")
        del self
```

```
d = Klass("파이썬 ", 33)
```
객체가 생성되었습니다 .
객체를 생성할 때 초기화가 실행됩니다 .

객체를 하나 만들고 변수 d 할당합니다. 이 변수를 키워드 del로 삭제합니다.

삭제를 하면 __del__를 호출합니다. 그러면 print함수가 실행됩니다.

이 변수가 삭제되면서 내부의 객체가 삭제된 것을 알 수 있습니다.

```
del d
```
객체가 삭제되었습니다 .

```
d
```

```
-------------------------------------------------
-----
NameError       Traceback (most recent call last)
<ipython-input-15-e983f374794d> in <module>
----> 1 d

NameError: name 'd' is not defined
```

6 클래스 속성과 인스턴스 속성

이번에는 초보자들이 어려워하는 개념 중 하나인 클래스 속성(class attribute)과 인스턴스 속성(instance attribute)에 대해 살펴보겠습니다.

다음은 은행 계좌를 클래스로 표현한 것입니다. Account 클래스에는 초기화와 소멸자가 있습니다. 초기화(__init__)가 클래스의 인스턴스가 생성될 때 자동으로 호출되는 함수라면, 소멸자(__del__)는 클래스의 인스턴스가 소멸될 때 자동으로 호출되는 함수입니다.

```python
class Account:
    num_accounts = 0
    def __init__(self, name):
        self.name = name
        Account.num_accounts += 1
    def __del__(self):
        Account.num_accounts -= 1
```

Account 클래스에는 num_accounts와 self.name이라는 두 종류의 속성이 있습니다. num_accounts처럼 클래스 내부에 선언된 변수를 클래스 속성이라고 하고, self.name과 같이 self가 붙어있는 변수를 인스턴스 속성이라고 합니다. 클래스 속성는 Account 클래스의 이름공간에 위치하며, self.name과 같은 인스턴스 속성은 인스턴스의 이름공간에 위치하게 됩니다.

그렇다면 언제 클래스 속성를 사용해야 하고 언제 인스턴스 속성를 사용해야 할까요? 이에 대한 답은 간단한 코드를 작성해보면서 설명하겠습니다.

은행에 가서 계좌를 개설하면 새로운 계좌가 하나 개설됩니다. 이러한 상황을 파이썬으로 표현하면 다음과 같이 Account 클래스의 인스턴스를 생성하는 것에 해당합니다.

```python
kim = Account("kim")
```

```python
lee = Account("lee")
```

생성된 kim과 lee 인스턴스에 계좌 소유자 정보가 제대로 저장돼 있는지 확인해봅시다. 각 계좌에 대한 소유자 정보는 인스턴스 속성인 name이 바인딩하고 있습니다.

```python
kim.name
```
```
'kim'
```

```python
lee.name
```
```
'lee'
```

그렇다면 지금까지 은행에 개설된 계좌는 모두 몇 개일까요? kim과 lee에게 하나씩 개설됐기 때문에 두 개이겠죠? kim 인스턴스나 lee 인스턴스를 통해 num_accounts라는 이름에 접근하면 총 계좌개설 개수가 2개로 나오는 것을 알 수 있습니다.

```
kim.num_accounts
```

2

```
lee.num_accounts
```

2

물론 지금까지 공부를 잘 해오신 분들은 kim.num_accounts에서 먼저 인스턴스의 이름공간에서 num_accounts를 찾았지만, 해당 이름이 없어서 클래스의 네임스페이스로 이동한 후 다시 해당 이름을 찾았고 그 값이 반환된 것임을 알 것입니다.

이처럼 여러 인스턴스 간에 서로 공유해야 하는 값은 클래스 속성를 통해 바인딩해야 합니다. 왜냐하면, 파이썬은 인스턴스의 네임스페이스에 없는 이름은 클래스의 네임스페이스에서 찾아보기 때문에 이러한 특성을 이용하면 클래스 변수가 모든 인스턴스에 공유될 수 있기 때문입니다. 참고로 클래스 속성에 접근할 때 아래와 같이 클래스 이름을 사용할 수도 있습니다.

```
Account.num_accounts
```

2

7 함수와 메소드 구분하기

클래스를 만들 때 def로 정의하는 것은 모두 함수입니다. 만약 객체가 이 함수 이름으로 접근하면 메소드로 변환합니다.

왜 객체가 함수에 접근하면 메소드로 변환된 후 처리되는지 알아봅시다.

클래스 Method에 함수를 두 개를 정의합니다. 초기화에 속성을 하나만 넣었고 함수 getName은 객체 속성 name을 반환합니다.

```
class Method :
    def __init__(self, name ) :
        self.name = name

    def getName(self) :
        return self.name
```

클래스를 정의한 후에 실행하면 클래스가 실행되어 클래스에 정의한 함수들을 이름공간에 만듭니다.

하지만 초기화 함수 __init__에 정의된 속성은 클래스 속성이 아니라 인스턴스가 만들어질 때 인스턴스의 이름공간에 만들어질 속성입니다.

클래스 이름공간인 __dict__를 확인하면 __init__과 getName이 함수라는 것을 확인할 수 있습니다.

```
Method.__dict__
```

```
mappingproxy({'__module__': '__main__',
              '__init__': <function __main__.Method.__init__(self, name)>,
              'getName': <function __main__.Method.getName(self)>,
              '__dict__': <attribute '__dict__' of 'Method' objects>,
              '__weakref__': <attribute '__weakref__' of 'Method' objects>,
              '__doc__': None})
```

클래스를 가지고 인스턴스를 하나 만들고 인스턴스를 할당한 변수를 실행합니다.

```
m = Method("메소드  알아보기 ")
```

```
m
```

```
<__main__.Method at 0x24639073b70>
```

파이썬에서 함수나 메소드를 명확히 구분해야 하는 이유는 둘의 클래스가 다르기 때문입니다.

파이썬 내부에서 제공하는 클래스를 확인하기 위해 모듈 types를 임포트합니다. 함수나 메소드는 객체이므로 isinstance 함수로 어떤 클래스에서 생성했는지 확인할 수 있습니다.

__init__으로 정의된 함수가 객체에 의해 실행될 때 동일한 이름을 사용하지만, 어떤 객체가 호출했는지에 따라 변경되는 것을 알 수 있습니다.

일단 클래스에서 __init__함수를 연결하면 일반 함수이고, 객체에서 __init__를 연결하면 메소드입니다.

```
import types
```

```
isinstance(Method.__init__, types.FunctionType)
```
True

```
isinstance(m.__init__, types.MethodType)
```
True

함수 getName도 클래스에서 볼 때는 함수이고 객체에서 볼 때는 메소드라는 것을 알 수 있습니다.

```
isinstance(Method.getName, types.FunctionType)
```
True

```
isinstance(m.getName, types.MethodType)
```
True

객체에서 함수를 처리하면 메소드이고, 클래스에서 함수를 처리하면 일반 함수인 것입니다.

내장함수 dir를 사용하면 객체가 갖는 속성과 함수를 나열해줍니다.

차집합 연산을 통해 메소드가 가진 속성만 뽑아보면 2개의 속성이 더 있는 것을 확인할 수 있습니다. A 차집합 B를 하면, A에는 있고 B에는 없는 원소를 알려줍니다.

메소드에 있는 두 개의 속성을 조회하면 __func__에는 클래스에서 정의된 함수가 저장됩니다. 또한

```
set(dir(m.getName)) - set(dir(Method.getName))
```
{'__func__', '__self__'}

__self__는 함수 __func__의 첫 번째 인자에 전달될 객체입니다.

```
m.getName.__self__
```
<__main__.Method at 0x24639073b70>

```
m.getName.__func__
```

키워드 is로 __func__ 내에 저장된 것이 클래스에 정의된 함수와 같은지 확인해보면 같은 객체라는 것을 알 수 있습니다.

```
m.getName.__func__ is Method.getName
```
```
True
```

함수와 메소드를 어떻게 호출해서 처리하는지 알아봅시다. 메소드는 객체에서 메소드를 접근해서 실행합니다. 함수는 정의된 매개변수에 인자를 모두 전달해서 실행하면 됩니다. 함수와 메소드가 같은 이름이지만 실행하는 방식에 차이가 있다는 것을 알 수 있습니다.

```
m.getName()
```
```
'메소드  알아보기'
```

```
Method.getName(m)
```
```
'메소드  알아보기'
```

```
m.getName.__func__(m)
```
```
'메소드  알아보기'
```

8 클래스 메소드 구분하기

Python

함수를 클래스에 인자로 전달해서 클래스 메소드를 만들어 봅니다. 클래스에 def로 정의된 것은 모두 함수이므로 이것을 클래스 메소드로 변환하려면 classmethod 클래스의 인스턴스로 만들어야 합니다.

함수를 정의하고 바로 위에 classmehtod 클래스를 사용해 데코레이터(@) 처리를 합니다. class-method의 인스턴스가 만들어지며 함수는 이 인스턴스 안에 저장됩니다.

클래스 메소드를 어떻게 사용하는지 예제를 보면서 살펴보겠습니다.

파이썬에 내장된 classmethod를 type 클래스에 넣어서 어떤 클래스로 만들었는지 확인해볼까요? 메타클래스인 type이라고 표시합니다.

모든 클래스는 type 클래스로 만들었습니다. type 클래스에 인자를 넣고 실행했을 때 반환값이 type이면 인자로 전달된 것은 클래스입니다.

```
classmethod
```

```
classmethod
```

```
type(classmethod)
```

```
type
```

클래스 CMethod를 정의합니다. 클래스 속성과 객체 속성의 이름을 동일하게 만들었습니다.

함수 name은 클래스 속성을 검색해서 반환합니다. 이 함수를 @classmethod로 정의했습니다. 클래스 메소드에 대한 정보를 보기 위해 이 셀도 실행합니다.

```python
class CMethod :
    _name = "클래스 속성"
    def __init__(self,name) :
        self._name = name

    @classmethod
    def name(cls) :
        return cls._name
```

name 함수의 매개변수 cls에 전달되는 인자는 클래스(class) 객체를 의미합니다. 이 클래스의 이름공간 __dict__를 확인하면 name이라는 키 값에 classmethod의 객체가 들어간 것을 알 수 있습니다.

```
CMethod.__dict__
```

```
mappingproxy({'__module__': '__main__',
              '_name': '클래스 속성',
              '__init__': <function __main__.CMethod.__init__(self, name)>,
              'name': <classmethod at 0x2463952f7f0>,
              '__dict__': <attribute '__dict__' of 'CMethod' objects>,
              '__weakref__': <attribute '__weakref__' of 'CMethod' objects>,
              '__doc__': None})
```

클래스 메소드는 클래스가 첫 인자로 들어가므로 클래스 이름을 이용해서 바로 클래스 메소드를 실행할 수 있습니다. 클래스 속성에 있는 값을 반환합니다.

```
CMethod.name()
```

```
'클래스 속성'
```

객체를 하나 만들어 이 객체로 클래스 메소드에 접근해 실행하면 실행이 가능합니다. 객체는 객체 이름공간에 아무 값이 없으면 자기를 만든 클래스 이름공간에 접근해서 값을 사용합니다.

```
cm = CMethod("객체 속성")
```

```
cm.name()
```
'클래스 속성'

클래스 속성과 인스턴스 속성의 이름이 같은 _name이지만 클래스 이름으로 접근하면 클래스 이름공간을 참조합니다. 인스턴스 이름으로 접근하면 인스턴스 이름공간을 먼저 확인합니다.

인스턴스일 경우 인스턴스 이름공간이 없을 때는 클래스 이름공간도 참조하는 것을 확인할 수 있습니다.

```
cm._name
```
'객체 속성'

```
CMethod._name
```
'클래스 속성'

클래스 메소드도 인스턴스 메소드처럼 첫 인자에 클래스 정보를 넣어야 하므로, 두 개의 특별한 속성이 더 들어가 있습니다. __self__에는 클래스 정보를 __func__에는 함수를 저장합니다.

```
set(dir(CMethod.name)) - set(dir(CMethod.__init
{'__func__', '__self__'}
```

```
CMethod.name.__self__ is CMethod
```
True

```
CMethod.name.__func__(CMethod)
```
'클래스 속성'

클래스 메소드 name 내에 함수는 __func__ 속성에 저장되어 있어 이 함수에 클래스를 인자로 전달하면 실행됩니다.

9 정적 메소드 구분하기

자바 등 객체지향에서의 정적 메소드라 함은 클래스에서 직접 접근할 수 있는 메소드입니다. 하지만 파이썬은 다른 언어와는 다르게 정적메소드를 사용합니다. 실제 정적 메스트는 클래스나 객체에서 함수를 직접 호출해서 사용하도록 만들어졌습니다. 이 차이에 유의해야 합니다.

정적 메소드는 함수를 정적메소드화 하지만 실제 객체나 클래스로 접근하면 함수를 전달해서 실행하므로 함수의 매개변수에 객체나 클래스를 첫 번째 인자로 반드시 받을 필요는 없습니다.

정적 메소드(staticmethod)도 클래스 메소드(classmethod)처럼 내장 클래스입니다. 마찬가지로 데코레이터(@)로 처리합니다. 정적 메소드도 type 클래스에 인자로 전달하면 클래스를 만든 클래스가 메타 클래스인 type이라는 것을 알 수 있습니다.

```
staticmethod
```

staticmethod

```
type(staticmethod)
```

type

하나의 클래스를 만들고 3개의 함수 name, getName, func를 정적 메소드로 바꿉니다. 함수의 매개변수를 클래스, 객체, 일반 값을 전달하도록 다양하게 정했습니다.

```python
class SMethod :
    _name = "클래스 속성"
    def __init__(self,name) :
        self._name = name

    @staticmethod
    def name(cls) :
        return cls._name

    @staticmethod
    def getName(self) :
        return self._name


    @staticmethod
    def func(x,y) :
        return x + y
```

이 클래스의 이름공간을 확인해보면 정적 메소드 3개가 정의된 것을 알 수 있습니다.

클래스 이름.__dict__

```
SMethod.__dict__
```

```
mappingproxy({'__module__': '__main__',
              '_name': '클래스 속성',
              '__init__': <function __main__.SMethod.__init__(self, name)>,
              'name': <staticmethod at 0x24639548630>,
              'getName': <staticmethod at 0x24639548710>,
              'func': <staticmethod at 0x24639550390>,
              '__dict__': <attribute '__dict__' of 'SMethod' objects>,
              '__weakref__': <attribute '__weakref__' of 'SMethod' objects>,
              '__doc__': None})
```

이 정적 메소드를 이름으로 접근하면 전부 함수로 다시 바뀐 것을 알 수 있습니다.

```
SMethod.name
```

```
<function __main__.SMethod.name(cls)>
```

```
SMethod.getName
```

```
<function __main__.SMethod.getName(self)>
```

```
SMethod.func
```

```
<function __main__.SMethod.func(x, y)>
```

정적 메소드로 처리했는데 왜 다시 함수로 실행할까요? 그리고 클래스 메소드와 정적 메소드를 클래스 속성으로 정의하는 이유는 무엇일까요? 이 속성을 이름으로 접근할 때 다른 속성보다 먼저 검색되어 빨리 접근할 수 있기 때문입니다.

정적 메소드를 실행할 때는 정의한 함수의 매개변수에 맞게 인자를 넣어 실행합니다. 3개의 함수가 제대로 처리된 것을 알 수 있습니다.

```
SMethod.name(SMethod)
```

```
'클래스 속성'
```

```
SMethod.getName(SMethod("정적메소드 처리"))
```

```
'정적메소드 처리'
```

```
SMethod.func(10,30)
```

10 클래스 속성 명명규칙 알아보기

클래스 속성과 함수에 이름을 정할 때 관행적으로 사용하는 두 가지 규칙이 있습니다.

● 속성과 메소드 명명규칙

클래스를 정의하면서 __func__ 안에 2개의 속성을 처리합니다. 이번에는 이름 앞에 밑줄을 하나 더 넣었습니다. 밑줄을 하나 넣는 이유는 속성과 메소드를 내부적으로만 처리하라는 뜻입니다.

```python
class Naming :
    def __init__(self,name, age) :
        self._name = name
        self._age = age

    def _getName(self) :
        return self._name

    def _getAge(self) :
        return self._age

    def getAttr(self) :
        return self._getName(), self._getAge()
```

객체를 하나 생성한 후에 객체에서 사용하는 메소드로 속성값을 검색합니다.

```python
n = Naming("미선",40)
```

```python
n.getAttr()
```
```
('미선', 40)
```

파이썬은 클래스나 객체의 속성을 언제라도 접근할 수 있습니다. 밑줄(_)을 사용하면 속성이나 메소드를 보호하겠다고 약속만 한 것입니다. 따라서 객체에서 접근해도 예외가 발생하지 않습니다.

```python
n._getName()
```
```
'미선'
```

```python
n._name
```
```
'미선'
```

이번에는 속성과 함수의 이름 앞에 밑줄 2개를 붙여서 사용합니다.

```python
class Naming__ :
    def __init__(self,name, age) :
        self.__name = name
        self.__age = age

    def __getName(self) :
        return self.__name

    def __getAge(self) :
        return self.__age

    def getAttr(self) :
        return self.getName(), self.getAge()
```

객체를 만들어서 밑줄이 없는 메소드를 호출하면 정보를 검색해서 출력합니다.

```python
n__=Naming__("맹글링", 40)
```

```python
n__.getAttr()
```

('맹글링', 40)

밑줄이 2개 들어가 있는 메소드나 속성에 객체로 접근하면 속성이 없다는 예외를 발생시킵니다.

```python
n__.__getName()
```

```
-------------------------------------------------
AttributeError     Traceback (most recent call last)
<ipython-input-16-ef9ffcfc755f> in <module>
----> 1 n__.__getName()

AttributeError: 'Naming__' object has no attribute '__getName'
```

```python
n__.__name
```

```
-------------------------------------------------
AttributeError     Traceback (most recent call last)
<ipython-input-17-560a555d40e7> in <module>
----> 1 n__.__name

AttributeError: 'Naming__' object has no attribute '__name'
```

기존 속성이나 메소드의 이름 앞에 밑줄 하나와 클래스명이 붙여지는 것을 확인할 수 있습니다. 이런 처리를 맹글링이라고 합니다. 객체에서 접근할 때 이름이 바뀐 것을 알 수 있습니다.

```
n__._Naming____name, n__._Naming____getName()
('맹글링', '맹글링')
```

생성된 객체의 아름공간을 확인하면 내부의 이름이 변경되어 있어 같은 이름으로 호출을 하지 않으면 처리가 안 되고 예외를 발생시킵니다.

```
n__.__dict__
{'_Naming____name': '맹글링', '_Naming____age': 40}
```

11 프로퍼티 처리하기

클래스를 정의할 때 내부의 속성과 함수를 묶어서 하나의 단위로 처리할 수 있습니다. 이렇게 하나의 단위로 묶어서 클래스를 만드는 것을 캡슐화라고 합니다.

파이썬에서 클래스를 정의할 때 속성과 메소드뿐만 아니라 프로퍼티(property)를 사용할 때가 있습니다.

파이썬에서 프로퍼티는 속성과 메소드가 추가된 정보입니다. 프로퍼티를 어떻게 사용하는지 알아보겠습니다.

클래스를 정의하고 함수 위에 @property를 쓰면 이름으로 호출할 수 있게 됩니다. 함수는 속성이 아니지만, 속성처럼 사용하면 내부의 함수가 실행되는 것이죠.

```python
class Klass :
    @property
    def name(self):
        print("This is name")
```

name함수 바로 위에 @property라고 씁니다.

Klass 클래스로 하나의 인스턴스를 만들어 메소드 name을 이름으로 호출하면 함수가 실행됩니다.

```
k = Klass()
k.name
```

```
This is name
```

프로퍼티는 함수를 이름으로만 접근해서 처리합니다. 어떻게 속성도 아닌데 이름으로만 접근이 가능할까요? property 클래스가 디스크립터(descripter) 처리 방식을 이용해서 만들어져 있어 속성에 접근하는 것처럼 보이지만 내부에서는 메소드가 실행되는 것입니다. 프로퍼티는 이름으로 접근해서 처리하는 디스크립터입니다.

프로퍼티 클래스를 이용해서 처리하려면 먼저 속성이름을 함수이름으로 만들어서 프로퍼티 객체의 이름을 함수이름으로 만들어야 합니다. 조회, 갱신, 삭제 기능을 처리하는 함수를 세 개를 등록할 수 있습니다.

함수의 이름과 속성으로 등록되는 이름을 동일하지 않도록 객체의 속성을 추가하는 초기화 함수 내의 속성 앞에 밑줄을 하나 넣어서 처리합니다.

프로퍼티가 구성된다는 것은 이름으로 접근되면 자동으로 처리해 준다는 것입니다.

또한, 인자를 받지 않는 함수를 정의해서 계산된 결과를 처리할 때 프로퍼티로 처리해서 속성에 접근하듯이 처리할 수 있도록 만들어 줍니다.

● **프로퍼티 처리하기**

파이썬에서 제공하는 **property**를 확인하면 클래스입니다. 함수 데코레이터가 아닌 클래스 데코레이터를 처리하는 클래스입니다.

```
property
```

```
property
```

```
type(property())
```

```
property
```

프로퍼티는 내부에서 처리할 클래스를 정의합니다. 이 클래스로 만들어지는 객체의 속성은 두 개입니다. 객체의 속성을 만들 때는 이름을 보호속성으로 만들었고 함수를 정의할 때는 속성 명칭과 동일하게 만든 것을 확인할 수 있습니다.

```
class Property :
    def __init__(self,name, age) :
        self._name = name
        self._age = age

    @property
    def name(self) :
        return self._name

    @property
    def age(self) :
        return self._age

    def getAttr(self) :
        return self.name, self.age
```

이 클래스로 객체를 만들어서 name과 age로 조회가 가능합니다. 이때 처리되는 것은 내장 클래스인 property 내부에 이름으로 접근이 가능한 디스크립터로 구성되었기 때문입니다.

객체에서 getAttr에서도 self.name, self.age로 호출했는데 예외가 발생하지 않고 프로퍼티가 작동이 되었습니다.

디스크립터로 만들어진 property 객체는 클래스 속성에 정해지며 self로 접근해도 클래스 속성부터 접근해서 예외가 발생하지 않는 것입니다.

```
p = Property("프러퍼티 ",30)
```

```
p.name
```
'프러퍼티 '

```
p.age
```
30

```
p.getAttr()
```
('프러퍼티 ', 30)

이번에는 함수를 프로퍼티로 처리해서 이름으로 접근하여 계산된 결과를 전달하는 클래스를 정의합니다. 이 클래스로 객체를 만들어서 내부에 정의된 함수를 이름으로 접근하면 내부의 함수가 실행되어 결괏값을 반환하는 것을 볼 수 있습니다.

```
class Property_ :
    def __init__(self,bottom, height) :
        self._bottom = bottom
        self._height = height

    @property
    def area(self) :
        return self._bottom * self._height
```

```
p_ = Property_(10,10)
```

```
p_.area
```

100

실제 프로퍼티로 구성할 때 하나의 속성에 매칭되는 함수는 세 개를 만들어서 등록할 수 있습니다.

첫 번째 property로 처리될 때는 조회하는 함수가 등록됩니다. 다음부터는 프로퍼티가 만들어진 이름에 점을 붙인 다음 setter와 deleter로 데코레이터 처리해야 합니다.

이렇게 하면 하나의 이름을 가지고 검색하고 갱신이나 추가하고 삭제도 가능한 구조를 만듭니다. 하나의 객체를 만들어서 이 세 가지 기능이 다 처리되는지 확인해 보겠습니다.

```
class Property__ :
    def __init__(self,name) :
        self._name = name

    @property
    def name(self) :
        return self._name

    @name.setter
    def name(self, name) :
        self._name = name

    @name.deleter
    def name(self) :
        del self._name
```

```
p__ = Property__("달리다")
```

객체가 생성되어서 속성을 이름으로 검색한 후에 이 속성의 값을 변경합니다. 조회하면 변경된 것을 알 수 있습니다. 그 후에 이 속성을 삭제합니다.

```
p__.name
```
'달리다'

```
p__.name = "멈추다"
```

```
p__.name
```
'멈추다'

```
del p__.name
```

삭제된 속성을 조회하면 name이 사라진 것이 아니라 내부에 저장된 속성이 사라진 것을 알 수 있습니다. 다시 속성을 갱신해서 조회하면 출력이 됩니다. 이처럼 하나의 속성을 조회, 갱신, 삭제가 모두 가능하게 구성할 수 있습니다.

```
p__.name
```

AttributeError Traceback (most recent call last)
<ipython-input-46-c04c0bfb3615> in <module>
----> 1 p__.name

<ipython-input-39-ef7f24954f60> in name(self)
     5   @property
     6   def name(self) :
----> 7   return self._name
     8
     9   @name.setter

AttributeError: 'Property__' object has no attribute '_name'
```

```
p__.name = "다시 생성"
```

```
p__.name
```
'다시 생성'
```

클래스 간의 관계

파이썬에서는 클래스의 생성자를 이용하여 인스턴스를 만들 수 있습니다. 클래스와 인스턴스의 관계도 isinstance 내장함수로 알 수 있습니다.

앞에서는 클래스를 만든 후에 객체를 만들어 사용해봤습니다. 이번에는 클래스들을 여러 개 만들고 클래스를 연결해서 기존에 만들어진 클래스를 이용해서 처리하는 방법을 알아보겠습니다.

기존에 만들어진 클래스를 상속한다는 것은 부모 클래스에 만들어진 것을 자식 클래스가 사용할 수 있다는 것을 의미합니다.

상속이 발생하면 하위 클래스에 없어도 내부적으로 사용할 속성이나 메소드를 상위클래스에서 확인하여 실행합니다.

1 | 상속 알아보기

Python

상속(Inheritance)이란 '물려받는다'라는 뜻입니다. '재산을 상속받는다'라고 할 때의 상속과 같은 의미입니다. 영화 '배트맨'을 보면 브루스 웨인이 부모님에게서 많은 재산을 상속받아 멋진 무기를 만들어 악당과 싸웁니다.

프로그래밍 책에서 갑자기 상속 이야기를 하는 이유는 객체지향 프로그래밍 언어는 클래스에서 상속 기능을 지원하기 때문입니다.

부모님에게서 자식이 재산이나 능력을 물려받는 것처럼, 클래스를 만들 때 다른 클래스의 기능을 물려받을 수 있습니다. 즉 다른 클래스의 속성이나 메소드를 상속받아 그대로 쓸 수 있다는 말입니다. 상속을 하면 하위(자식) 클래스는 상위(부모) 클래스 내에 정의된 모든 것을 사용할 수 있습니다. 보통 상위클래스를 부모 클래스(parent class)나 슈퍼클래스(super class)라 하고, 하위클래스를 자식클래스(child class)나 서브클래스(sub class)라고도 합니다.

상속은 기존 클래스를 변경하지 않고 기능을 추가하거나 기존 기능을 바꿀 때 사용합니다.

두 개의 클래스를 정의합니다. 첫 번째 정의된 Parent를 상위클래스로 해서 두 번째 정의된 Child 클래스 이름 뒤의 괄호에 넣었습니다. Child 클래스는 Parent 클래스를 상속합니다.

두 번째 정의한 Child 클래스에는 아무런 기능을 넣지 않고 pass문만 넣었습니다.

```
class Parent :
    def __init__(self,name) :
        self.name = name
```

```
class Child(Parent) :
    pass
```

하위클래스인 Child에서 객체를 생성하는 경우 초기화를 지정하지 않고 인자로 아무것도 넣지 않았기 때문에 실행해보면 오류가 발생하는 것을 확인할 수 있습니다. 상속을 했기 때문에, 상위클래스인 Parent의 초기화 __init__함수를 사용하는 것이죠. 괄호 안에 name 인자를 전달하지 않아 발생하는 오류입니다.

```
c = Child()

------------------------------------------------
TypeError        Traceback (most recent call last)
<ipython-input-5-02999e09e9f5> in <module>
----> 1 c = Child()

TypeError: __init__() missing 1 required positional argument: 'name'
```

오류 없이 객체를 생성하기 위해서는 상위클래스인 Parent의 __init__ 함수에 정해진 매개변수 name에 인자를 전달해야 합니다. 인자를 Child 클래스에 넣어서 객체를 생성합니다.

객체가 생성된 후에 name이라는 속성을 이용해 정보를 검색하면 생성할 때 넣은 값이 출력됩니다.

```
c = Child("성혁")
```

```
c.name
```

'성혁'

이번에는 하위클래스 Child_에 상위클래스에 없는 속성을 추가하려고 합니다. 상위클래스에 없으므로 하위클래스에 __init__ 초기화 함수를 정의합니다. 상위클래스에 있는 초기화에서는 name을 처리합니다. 하위 클래스 초기화에서는 하위 클래스에만 있는 age 속성을 객체에 추가합니다.

이때 __init__이 두 클래스에 전부 있으므로 Child_ 클래스로 객체를 생성할 때 상위클래스에 있는 __init__은 호출되지 않습니다. 상위클래스에 있는 __init__을 호출하려면 하위클래스에서 상위클래스에 있는 __init__을 지정해야 합니다.

Child_ 클래스에서 상위클래스에 접근하려면 super 클래스를 이용해서 상위클래스 정보를 가져온 후에 __init__을 실행합니다.

그다음에 age 속성을 추가하면 2개의 속성이 만들어집니다.

```
class Child_(Parent) :
    def __init__(self,name,age) :
        super().__init__(name)
        self.age = age
```

```
c_ = Child_("지원",12)
```

```
c_.name
```
'지원'

```
c_.age
```
12

2 협업 관계 알아보기

A 클래스를 정의한 후에 A 클래스를 사용할 B 클래스에서 A의 인스턴스를 만든 후에 이 인스턴스를 이용해서 A 메소드 등을 호출해서 사용할 수 있습니다. 이런 관계를 협업 관계라 합니다.

예를 들어 설명하겠습니다. 사용할 클래스를 하나 정의합니다. 이 클래스는 다른 클래스가 객체를 생성할 때 name 속성을 추가합니다.

```
class Association :
    def other_init(self, other, name) :
        other.name = name
```

위의 클래스를 사용해 초기화 처리를 할 때 name 속성을 세팅하려고 합니다.

Client 클래스의 _name 변수에 Association 클래스의 객체를 하나 만듭니다. 이 객체를 이용해서 other_init 메소드를 호출해서 Client 클래스의 객체가 생성될 때 name 속성값을 추가합니다.

두 번째 age 속성은 생성할 때 전달받은 age 매개변수를 그대로 할당합니다.

```
class Client :
    def __init__(self, name, age) :
        _name = Association()
        _name.other_init(self,name)
        self.age = age
```

Client 클래스를 이용해서 객체를 만들 때 __init__ 함수의 name, age 매개변수에 해당하는 인자를 넣습니다. 객체가 만들어진 후 name과 age 속성을 확인하면 결괏값이 제대로 처리된 것을 알 수 있습니다.

```
cl = Client("박찬주 ",56)
```

```
cl.name
```

'박찬주 '

```
cl.age
```

56

클래스들 사이에 상하 관계를 만들면 하위클래스에 속성과 메소드가 없으면 상위클래스에 있는 속성과 메소드를 이용해서 처리합니다. 상속을 하면 하위 클래스가 자동으로 상위클래스에 접근할 수 있게 됩니다.

```
class Parent():
    def print_name(self):
        print("Parent")
```

```
class Child(Parent):
    pass
```

```
a = Child()
```

```
a.print_name()
```

Parent

하위 클래스에 속성과 메소드가 있으면 하위 클래스의 속성과 메소드를 사용합니다.

```python
class Parent():
    name ="Parent"
    def print_name(self):
        print("Parent")
```

```python
class Child(Parent):
    name ="Child"
    def print_name(self):
        print("Child")
```

```python
b = Child()
```

```python
b.name
```

```
'Child'
```

```python
b.print_name()
```

```
Child
```

3 오버라이딩(overriding)

오버라이딩(overriding)은 '무시하다, 우선하다'라는 뜻입니다. 말 그대로 상위클래스의 메소드를 무시하고 새로운 메소드를 만드는 것으로 '재정의'라고도 합니다.

메소드를 재정의하는 이유는 클래스마다 기능이 다를 수 있기 때문입니다. 상위클래스와 같은 이름의 메소드를 사용하지만, 하위클래스마다 기능이 다를 경우 하위클래스에서 재정의하여 기능을 추가해서 사용합니다.

● 메소드 오버라이딩

상위클래스 Animal을 정의합니다. 클래스 안에 say함수를 하나 정의했습니다.

```python
class Animal :
    def say(self,message) :
        return message
```

say함수는 인자로 전달받은 값을 출력합니다.

이번에는 Animal을 상속한 Dog 클래스를 만듭니다. 상위클래스와 같은 say 함수를 정의했습니다. say 함수를 호출하면 "강아지가 소리를 냅니다."라는 문자열과 message를 같이 출력합니다.

```python
class Dog(Animal) :
    def say(self, message) :
        print("강아지가  소리를  냅니다 .", message)
```

Animal 클래스를 상속하는 다른 클래스 Bird를 만듭니다. 같은 메소드인 say 함수를 정의합니다. say 함수를 호출하면 "새가 노래를 부릅니다."라는 문자열과 message를 같이 출력합니다.

```python
class Bird(Animal) :
    def say(self, message) :
        print("새가  노래를  부릅니다 .", message)
```

상위클래스 Animal로 객체를 만들어 say 메소드를 처리할 수 있습니다.

```python
animal = Animal()
```

```python
animal.say(" 엉엉엉 ")
```
 ' 엉엉엉 '

하위클래스 Dog과 Bird로 객체를 만들어서 say 메소드를 사용합니다. 이런 방식으로 클래스를 정의하는 이유는 하위 클래스마다 세부 기능이 다를 수 있기 때문입니다. 즉 같은 메소드를 사용하지만, 클래스마다 다른 기능을 할 수 있는 겁니다.

```python
dog = Dog()
```

```python
bird = Bird()
```

```python
dog.say(" 멍멍멍 ")
```
 강아지가 소리를 냅니다 . 멍멍멍

```python
bird.say(" 짹짹짹 ")
```
 새가 노래를 부릅니다 . 짹짹짹

4 연산자 오버로딩(overloading)

파이썬에서는 다양한 연산자를 상속없이 재정의가 가능해서 동일한 연산자를 다른 기능을 할 수 있게 한 것을 오버로딩(overloading)이라고 합니다.

사칙연산에 대한 연산자를 확인하고 클래스에서 다시 정의합니다. 연산자가 재정의되면 연산자를 사용해서 처리할 수 있습니다.

연산자 기호 +는 __add__ 메소드, 연산자 기호 -는 __sub__, 연산자 기호 *는 __mul__, 연산자 기호 /는 __truediv__입니다.

먼저 클래스를 정의할 때 사칙연산에 대한 메소드 4개를 정의합니다. 이 클래스를 가지고 객체를 생성할 때는 인자로 리스트 객체를 받습니다.

정의된 메소드는 리스트 객체의 원소들에 대한 사칙연산을 처리합니다. 이 클래스의 객체를 이용해서 사칙연산을 할 때 뒤에 오는 값은 정수로 정했습니다.

```python
class Method :
    def __init__(self, obj) :
        self.obj = obj

    def _value_check(self, value) :
        return value if isinstance(value, int) else int(value)

    def __add__(self, value) :
        value = self._value_check(value)
        self.obj = [x + value for x in self.obj]
        return self

    def __sub__(self, value) :
        value = self._value_check(value)
        self.obj = [x - value for x in self.obj]
        return self

    def __mul__(self, value) :
        value = self._value_check(value)
        self.obj = [x*value for x in self.obj]
        return self

    def __truediv__(self, value) :
        value = self._value_check(value)
        self.obj = [int(x/value) for x in self.obj]
        return self
```

객체를 생성할 때 인자로 리스트를 받습니다.

```
m = Method([1,2,3,4])
```

이 객체와 정수를 더한 후에 원소를 확인하면 3만큼씩 증가한 것을 볼 수 있습니다.

```
m = m + 3
```

```
m.obj
```
[4, 5, 6, 7]

3만큼을 빼면 더해진 것을 뺀 원래 생성할 때 만들어진 값이 처리됩니다.

```
m = m - 3.0
```

```
m.obj
```
[1, 2, 3, 4]

3을 곱하면 모든 원소의 값이 3배만큼 증가합니다.

```
m = m * 3.0
```

```
m.obj
```
[3, 6, 9, 12]

다시 3으로 나누면 처음에 생성된 리스트와 동일한 값으로 처리하기 위해 정수int 클래스를 이용해서 자료형을 변환해서 처리한 것을 알 수 있습니다.

```
m = m / 3
```

```
m.obj
```
[1, 2, 3, 4]

Column   사용자 정의 메소드 클래스 만들기

파이썬에서는 클래스에 함수를 정의한 후에 객체를 만들고 이에 접근하여 메소드로 사용됩니다. 이를 사용자가 정의하는 메소드 클래스의 형식으로 변환해서 사용도 가능합니다. 새로운 메소드 클래스를 정의해서 클래스 내의 정의된 함수를 사용자가 정의한 대로 메소드 처리하는 방법을 알아봅시다.

Method 클래스를 내에 3개의 함수를 정의했습니다. 첫 번째 __init__은 위에서 배운 대로 객체를 만들 때 초기화합니다. 이 초기화 처리는 함수를 전달을 받아서 객체 내부에 저장합니다.

두 번째 __call__함수는 이 Method 클래스의 객체가 실행될 때 호출되는 함수입니다. 내부의 정의를 보면 객체 내에 저장된 함수를 실행합니다.

세 번째 method는 이 클래스의 객체가 언제라도 호출되는 함수입니다.

```python
class Method :
    def __init__(self,func) :
        self._func = func

    def __call__(self, *args, **kwargs) :
        return self._func(self,*args, **kwargs)

    def method(self) :
        return 100
```

사용자 정의 클래스 A를 하나 만들 때 내부에 정의된 a라는 함수에 데코레이터를 처리합니다.

이 클래스의 이름공간인 __dict__를 확인하면 메소드로 정의된 a가 데코레이터로 처리된 Method 클래스의 객체가 만들어진 것을 확인할 수 있습니다.

```python
class A :
    @Method
    def a(self) :
        return 10
```

```python
A.__dict__
```

```
mappingproxy({'__module__': '__main__',
              'a': <__main__.Method at 0x1926e693358>,
              '__dict__': <attribute '__dict__' of 'A' objects>,
              '__weakref__': <attribute '__weakref__' of 'A' objects>,
              '__doc__': None})
```

하나의 객체를 만듭니다. 메소드 **a**를 실행하면 결괏값이 10으로 출력됩니다. 실제 함수 **a**가 실행되는 것이 아니라 클래스 **Method**의 객체가 실행될 때 내부에 저장된 **a**가 실행되는 것입니다.

Method 클래스의 객체이므로 내부에 정의된 **method**라는 메소드를 실행할 수도 있습니다.

```
bb = A()
```

```
bb.a
```
```
<__main__.Method at 0x1926e693358>
```

```
bb.a()
```
```
10
```

```
bb.a.method()
```
```
100
```

 **파일 처리 알아보기**

프로그래밍 언어는 기본적으로 파일을 읽고 쓰는 방법을 제공합니다.
파이썬에서 파일을 읽고 쓰려면 open함수를 이용해서 파일을 열어야 합니다. 파일을 쓸 때는 기존에
파일이 있는지 자동으로 확인합니다.
파일이 열리면 읽고 쓰는 것은 메소드를 이용하고 작업이 끝나면 항상 close 메소드를 이용해 파일
을 닫아야 합니다.

1 파일 읽고 쓰기

컴퓨터가 문자열을 처리할 때는 텍스트와 바이트 단위로 처리합니다. 파이썬도 문자열에는 유니코드
와 바이트를 구분합니다. 텍스트를 기준으로 파일을 처리하면 유니코드 문자열로 처리해야 합니다.
바이트를 기준으로 처리할 때는 영어 알파벳 기준인 바이트 단위로 처리합니다. 두 문자열은 직접 호
환이 안 되므로 인코딩을 해야 합니다.

파일도 하나의 클래스이므로 이를 open 하면 객체가 만들어집니다. 파일은 많은 라인을 갖고 있고
이를 원소로 처리하므로 for 반복문을 이용해서 처리할 수 있습니다.

파일에 만들려면 파일명과 파일의 상태를 표시하는 모드를 지정해서 open함수를 이용해서 파일을
객체로 만들어야 합니다.

없는 파일의 객체를 만들어서 이 파일에 쓰기를 하려면 모드를 w로 하고 작성할 문자열이 텍스트이
므로 t를 붙입니다.

```
f = open("data.txt","wt")
```

리터럴 표기법으로 여러 라인의 문자열을 만듭니다. 이때는 인용기호를 3개 쓰면 됩니다.

```
s = """라인 1
라인 2
라인 3
"""
```

파일 이름 다음에 writelines 메소드에 위의 문자열을 인자로 전달해서 파일에 쓰기를 처리합니다.

파일 작업을 종료하려면 close 메소드로 파일을 닫습니다.

```
f.writelines(s)
```

```
f.close()
```

이미 존재하는 파일을 열 때도 open함수를 이용합니다. 첫 번째 인자에 문자열로 파일 이름을 지정합니다. 두 번째 모드에는 파일을 읽는 것이므로 r을 지정하고 텍스트 파일이므로 t도 지정합니다.

```
fr = open("data.txt","rt")
```

파일은 라인이 원소로 구성된 반복 가능한 객체이므로 for 반복문에 넣어 처리할 수 있습니다. 텍스트 파일을 읽고 출력할 때는 print함수의 인자 end에 빈 문자열을 처리해야 라인 끝에 개행문자가 두 번 실행되지 않습니다.

```
for i in fr :
    print(i, end="")
```
라인 1
라인 2
라인 3

다시 반복문에 넣어 출력하려면 출력되지 않습니다. for문을 처리하면 자동으로 파일이 닫힙니다.

```
for i in fr :
    print(i, end="")
```

다시 출력하려면 파일을 열어서 파일 객체를 다시 만들어야 합니다.

```
fr = open("data.txt","rt")
```

```
for i in fr :
    print(i, end="")
```
라인 1
라인 2
라인 3

바이트 문자열을 처리해 봅니다. 텍스트는 유니코드 문자열이 모두 지원되지만, 바이트는 영어알파

벳만 지원됩니다.

일단 파일을 작성할 때 모드에 t 대신 b를 지정하면 바이트 문자열로 처리합니다.

```
fb = open("data_b.txt","wb")
```

여러 라인을 가진 문자열을 만들지만 파이썬은 기본으로 문자열을 유니코드로 인식합니다. 영어 알파벳만으로 만들어진 문자열도 유니코드 기반으로 만들어집니다.

```
ss = """Beautiful is better than ugly.
Explicit is better than implicit.
Simple is better than complex.
Complex is better than complicated.
Flat is better than nested.
Sparse is better than dense.
Readability counts.
"""
```

위의 문자열을 바이트로 처리하는 파일에 저장하려면 유니코드 문자열을 바이트로 변환해야 합니다. 문자열에 있는 encode 메소드에 encoding=utf-8로 지정해서 바이트로 암호화합니다. 이를 write 메소드에 넣어서 파일을 쓰고 close로 닫습니다.

```
b = ss.encode(encoding="utf-8")
```

```
fb.write(b)
```
209

```
fb.close()
```

파일을 읽기 위해 for 반복문에 직접 open함수를 사용해서 처리합니다. 바이트 문자열은 라인 단위로 문자열을 처리하므로 print문으로 출력하면 라인 단위로 구분이 됩니다.

```
for i in open("data_b.txt","rb") :
    print(i)
```
b'Beautiful is better than ugly.\n'
b'Explicit is better than implicit.\n'
b'Simple is better than complex.\n'
b'Complex is better than complicated.\n'
b'Flat is better than nested.\n'
b'Sparse is better than dense.\n'
b'Readability counts.\n'

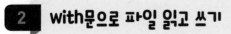

2 with문으로 파일 읽고 쓰기

컨텍스트 환경을 구성한 객체를 만들어서 with문과 같이 사용할 수 있습니다. 컨텍스트 환경으로 들어가면 시작과 끝이 자동으로 처리됩니다.

내부의 다양한 처리를 with 내부에 작성합니다. 이를 실행하면 내부적으로 시작점과 종료점을 처리합니다.

이 환경이 구성은 이해하기 어려우므로 파일을 가지고 실행하는 것을 알아봅시다.

● 컨텍스트 환경에서 파일 처리하기

먼저 만들어진 파일을 가지고 with에서 open을 하고 이 객체의 이름을 as키워드 다음에 표시한 후에 콜론을 붙입니다. 문장 블록이 만들어지므로 그 내부에 실행할 로직을 만들어야 합니다.

내부 처리하는 것도 파일을 열어서 위에서 읽은 파일을 그대로 파일에 쓰도록 처리했습니다.

파일을 다 사용한 후에 close 메소드를 별도로 지정하지 않았지만, with 구문이 처리된 후에 두 개의 파일을 내부적으로 close를 처리해 줍니다.

```python
with open("data_b.txt","rb") as fw :
    with open("data_b1.txt","wb") as fo :
        fo.write(fw.read())
```

위의 with문이 제대로 실행되었는지 확인하기 위해 새롭게 작성된 파일을 다시 with 구문의 반복문에 파일 객체를 넣어서 처리합니다.

파일 구조를 보면 원소로 라인을 가지므로 자동으로 반복문을 통해 한 라인씩 처리되는 것을 출력된 결과로 확인할 수 있습니다.

```python
with open("data_b1.txt","rb") as fw :
    for i in fw :
        print(i)
```

```
b'Beautiful is better than ugly.\n'
b'Explicit is better than implicit.\n'
b'Simple is better than complex.\n'
b'Complex is better than complicated.\n'
b'Flat is better than nested.\n'
b'Sparse is better than dense.\n'
b'Readability counts.\n'
```

반드시 알아야 할
파이썬 입문 A to Z

2019년 6월 17일 1판 1쇄 발행

저 자	문용준, 문성혁, 박재일
발 행 자	정지숙
기 획	김종훈
마 케 팅	김용환
디 자 인	디자인클립

발 행 처	(주)잇플ITPLE
주 소	서울 동대문구 답십리로 264 성신빌딩 2층
전 화	0502.600.4925
팩 스	0502.600.4924
홈페이지	www.itple.info
이 메 일	itple333@naver.com
카 페	http://cafe.naver.com/arduinofun

ISBN   979-11-967079-2-7 13000

이 도서의 국립중앙도서관 출판예정도서목록(CIP)은 서지정보유통지원시스템 홈페이지(http://seoji.nl.go.kr)와
국가자료종합목록 구축시스템(http://kolis-net.nl.go.kr)에서 이용하실 수 있습니다. (CIP제어번호 : CIP2019021794)